Parce que chaque élève compte

Photographie de couverture : © Sébastien Bellanger
Conception de la couverture : Valérie Lagarde
Photographies en milieu d'ouvrage : DR

---

www.editionsatelier.com
www.twitter.com/editionsatelier
www.facebook.com/editionsatelier

www.ecoledeslettres.fr
www.twitter.com/ecoledeslettres
www.facebook.com/ecoledeslettres

Imprimé en France
ISBN : 978-2-7082-5393-3

Sous la direction de
Mohand-Kamel Chabane
et Benoit Falaize

Parce que chaque élève compte

Enseigner en quartiers populaires

Préface de Nadir Dendoune

Postface de Philippe Meirieu

LES EDITIONS DE L'ATELIER
Les Editions Ouvrières

L'École des lettres

Préface

« Ces profs qui poussent à rêver plus haut »

Nadir Dendoune [1]

Selon les critères de l'Éducation nationale, j'étais un « mauvais élève ».

Mes profs ne m'ont pas aidé à m'améliorer. Aucun d'entre eux ne s'est intéressé à ma gueule, préférant ne voir que la partie visible de Nadir, ce gamin « fout-la-merde ».

Je n'étais pas un cadeau, je le concède, mais pour moi, un môme a toujours plus droit aux erreurs qu'un adulte.

Dans *Parce que chaque élève compte*, on a affaire à une autre « race » de profs. Celle qui fait beaucoup plus qu'enseigner, celle qui soigne, qui conseille, celle qui pousse à rêver plus haut.

J'envie ces élèves qui ont croisé leurs routes et, en même temps, je suis heureux de voir que les choses ont évolué. Je n'ai pas eu leur chance. Pourtant, je n'ai pas toujours été un « mauvais élève ». Mes débuts étaient même prometteurs. À l'école primaire Paul-Langevin de L'Île-Saint-Denis, au début des années 1980, j'étais entouré de fils de profs, de toubibs, d'employés. Un véritable arc-en-ciel social qui me poussait à bien travailler.

---

1. Nadir Dendoune est journaliste et écrivain. Il est notamment l'auteur de *Un tocard sur le toit du monde* et de *Nos rêves de pauvres* (Jean-Claude Lattès, 2010 et 2017). Il a également réalisé un documentaire, *Des figues en avril* (2018), consacré à sa mère.

Mon entrée au collège, dans un bahut situé à quelques encablures de ma cité, allait changer la donne. Pour le pire. Mes anciens camarades les mieux lotis allaient déserter le collège de secteur, leurs parents faisant jouer intelligemment la carte scolaire. Eux connaissaient parfaitement les rouages du système, pas comme les miens, Algériens illettrés et pauvres économiques, qui vouaient une confiance aveugle à l'école de la République. Derrière notre dos, ils allaient s'arranger pour placer leur progéniture ailleurs. Quand les uns choisissaient une première langue étrangère rare – le chinois, le russe, parfois même l'arabe ! – afin d'inscrire leurs enfants dans un collège « plus coté », les autres, ceux qui disposaient d'un plus gros capital financier, signaient un chèque pour intégrer une école privée. Adieu la mixité sociale ! Ne restaient alors plus que « nous », habitants des cités de la ville, « enfants des classes dangereuses » et autres basanés, avec nos parents, pour la plupart, en proie à des difficultés sociales importantes.

Pour nous, les classes surchargées, parfois avec plus de quarante élèves, des professeurs avec ou sans expérience, souvent-absents-jamais-remplacés, issus des provinces françaises, débutant leur carrière dans des endroits qui auraient eu besoin, au contraire, d'un maximum de professeurs expérimentés. De jeunes profs avec, souvent, pas tout le temps heureusement, une seule idée en tête, comme le permet le système éducatif français : comptabiliser un maximum de points dans nos établissements « sensibles » afin d'être mutés ailleurs, dans un collège de leur cœur, au sud, au soleil... Bref, tout était mis en place pour notre réussite ! Euh, pardon, notre échec.

La sixième ne fut pas ma pire année. Au début, j'ai essayé de m'accrocher. Tant bien que mal. Mais j'étais entouré de redoublants, plus forts physiquement, plus sûrs d'eux, plus marrants. Ils allaient devenir mes modèles. Alors, comme eux, j'ai fait des bêtises. Pour être accepté. Pour faire partie du groupe majoritaire. Ça s'est fait naturellement.

Un jour, en quatrième, ma prof de français m'a définitivement dégoûté de l'école. Elle n'aimait pas ma manière d'écrire. Soit. Mais de là à m'humilier en pleine classe : « Vous n'irez pas bien haut, dans la vie, monsieur Dendoune », avait-elle osé. Un crachat au visage. En 2008, en arrivant au sommet de l'Everest, j'ai eu une pensée rageuse pour elle.

Au collège, il n'y a plus eu grand-chose d'autre que la violence. Parce que quand tu lâches un tout petit peu à l'école, c'est mort. C'est mort parce qu'à part l'école, il n'y a rien à la cité. Et j'ai fini sans surprise à Fleury-Mérogis quelques années plus tard. C'était en 1990. L'année du baccalauréat. J'ai fini par devenir ce que la société attendait de moi : un délinquant. Et j'ai foiré sans surprise le bac, avec un petit 6 de moyenne générale.

À ma sortie de prison, j'avais 18 ans. Et rien d'autre. Aucune perspective d'avenir. Une mauvaise réputation dans toute ma ville. J'ai continué les conneries. Un jour, les flics ont débarqué à la maison, ma mère chialait de tristesse pour moi. Je me souviens encore très bien de ses larmes. J'éprouve toujours autant de honte de l'avoir fait souffrir autant.

Et puis un jour, le jour a remplacé la nuit. Un éducateur m'a tendu une perche. Salah, c'était son nom. Un type, bac + 5 à l'époque (bac + 40 aujourd'hui), ingénieur de formation, qui aurait pu toucher dix briques par mois. Il a préféré s'investir avec les jeunes de sa cité, pour ces tronches qui n'intéressaient personne à l'époque ! Il a eu une idée toute simple : transformer une salle de réunion en une salle de jeunes, pour apporter de la culture au pied des tours. Salah a sauvé plus d'une centaine de gamins, il aurait mérité haut la main la médaille de la ville. Rien de tout ça. En 2002, il a quitté son poste dans une indifférence quasi générale, écœuré par les coupes budgétaires imposées par la nouvelle municipalité écolo. Salah a été le premier à croire en moi. Le seul à avoir vu que derrière mon masque de délinquant, un potentiel existait.

Et puis, en juillet 1993, il y a eu ce voyage en Australie à bicyclette. Grâce au soutien de notre éducateur Salah, avec

Yannick, un ami de la cité, nous avons longé à vélo la côte est australienne, entre Cairns et Sydney. Bien plus qu'un magnifique voyage. Un déclic. Pour moi, enfin, quelque chose qui marchait. Cendrillon du 93 ! Trois mois à comprendre que la vie pouvait être belle. À force de recevoir de la merde sur la tête à longueur de journée, j'avais fini par croire que j'étais capable de rien.

Un premier voyage qui me donna confiance. C'est aussi simple que ça.

Mon parcours a été semé d'embûches. Aucun professeur ne m'a « sauvé ». Ma « réussite » à moi est d'abord collective, le fruit de magnifiques rencontres...

En septembre 2001, j'ai repris ma bicyclette. Pour un Sydney-Paris en partenariat avec la Croix-Rouge australienne pour faire plus de bruit contre le sida, une maladie qui a endeuillé plusieurs fois la cité où j'ai grandi.

Et puis un jour, en 2008, j'ai tenté l'Everest. Sans aucune expérience. Là encore, j'ai réussi mon pari. Donc, j'ai continué.

Mon plus beau projet a été de loin la réalisation en 2018 de mon documentaire *Des figues en avril*. Un film sorti en salle avec un certain succès, qui raconte le parcours d'une héroïne du quotidien, ma mère, Messaouda, 86 ans aujourd'hui, arrivée en France en 1959 de Kabylie en Algérie. Une maman courage qui a élevé avec brio neuf Français. Aujourd'hui, tout le monde connaît Messaouda Dendoune.

Et aujourd'hui, je ne m'interdis plus rien. Et aujourd'hui, la rage, la colère, la haine ont été remplacées par de l'amour.

Dans *Parce que chaque élève compte*, on découvre avec plaisir que des profs font le boulot. Enfin, ils en font même un peu plus. Et c'est tant mieux pour leurs élèves. Parce que les profs ne font pas qu'enseigner, ils conseillent aussi, soignent et servent même parfois d'exemples à suivre. Quand tu grandis dans un quartier populaire où les problèmes sociaux sont plus importants que dans les quartiers bourgeois, un « bon » prof peut tout changer dans la vie d'un môme.

Avant-propos

Avons-nous échoué ?

Mohand-Kamel Chabane et Benoit Falaize

Avons-nous échoué ? En publiant, en septembre 2018, aux éditions La Découverte, le livre *Territoires vivants de la République. Ce que peut l'école : réussir au-delà des préjugés* [1], et en le prolongeant par la publication d'articles dans les pages du *Monde de l'éducation* et de *L'École des Lettres*, avons-nous échoué à casser les stéréotypes sur les banlieues et leurs élèves, à orienter différemment le regard sur l'école dans les quartiers de politique de la ville et d'éducation prioritaire ? Avons-nous seulement réussi à donner une autre image de cette jeunesse trop souvent stigmatisée, ou suspectée d'offenses aux valeurs de la République, loin du slogan devenu sens commun des « territoires perdus » ?

La dynamique des *Territoires vivants* est née en 2017 autour d'un groupe composé de plus de cinquante personnels de l'Éducation nationale, tous ayant le souci de l'enfant, de l'adolescent, et l'exigence du meilleur pour tous, promesse républicaine par excellence. Ceux-ci viennent des premier et second degrés de toutes disciplines, ils sont chefs d'établissement et inspecteurs, conseillers principaux d'éducation (CPE) et parents d'élèves, mais aussi élèves. Ce collectif est né autour d'un projet de livre

1. Benoit Falaize (dir.), *Territoires vivants de la République. Ce que peut l'école : réussir au-delà des préjugés*, Paris, La Découverte, 2018.

se préoccupant de l'image que le débat public projette sur l'école en milieu populaire, mais aussi sur les élèves, souvent déconsidérés et suspectés de tous les maux de la société.

Avons-nous échoué ? Le combat était inégal, avouons-le. Et ce n'est pas faire offense au journal *Le Monde*, dont le prestige et le poids social sont grands, ni à la place qu'occupe *L'École des lettres* auprès des enseignants, que de dire cela. C'est à leur honneur de l'avoir poursuivi avec nous. Que pouvions-nous faire quand, à l'issue de la sortie du livre, bien que beaucoup de rédactions de télévisions ou de radios nous ont affirmé être très intéressées par notre livre, partageant même nos options qualifiées de « rafraîchissantes et sources d'espoir », toutes ou presque ont pourtant refusé de nous mettre en évidence à l'antenne car « cela n'intéressera pas nos auditeurs ». Pas assez de *buzz* pour la Shoah que l'on peut enseigner en banlieue au collège, dans des pédagogies qui fonctionnent et remplissent leur objectif. Pas assez de retweets, cette leçon en cours de SVT sur l'évolution des espèces où finalement aucun élève ne conteste le bien-fondé des cours. Pas non plus de débat sur les chaînes d'information à la lecture de ce livre qui dit que, non, décidément, tous les enseignants de banlieues ne connaissent pas cette avalanche de propos antisémites, homophobes ou sexistes dont la presse et l'opinion publique croient pouvoir s'emparer. Et que, dans l'intimité du cours, dans des relations construites et de confiance avec l'enseignant, les élèves découvrent une voie vers le savoir et se montrent infiniment plus tolérants qu'on se complaît à le dire et à les dépeindre. Quel média s'intéresse réellement à la réussite de l'école ? On parle d'elle pour en souligner les manques ou encore pour la défendre, mais on ne dit et ne montre rien de positif sur elle. C'est cela, la réalité du débat public aujourd'hui auquel nous avons été confrontés.

Pourquoi ne pas donner la parole, aux heures de grande écoute à la télévision, aux enseignants qui, chaque jour, font leur métier, inventent, innovent, ne comptent pas leurs heures et accompagnent les enfants comme les familles ? Ces enseignants font république. Pourquoi n'ont-ils que trop rarement la parole pour dire à toutes et tous ce que peut l'école contre les stéréotypes, les propos complotistes, les préjugés haineux, les adhésions religieuses toxiques ? Ce travail existe, il est là, les enseignants peuvent ouvrir leurs portes. N'est-ce pas un devoir et n'y a-t-il pas urgence à éveiller d'autres regards sur ces réalités ? Pourquoi ne pas y aller pour contrecarrer les propos déclinistes qui ne rendent justice ni aux élèves, ni aux enseignants, ni même à l'école que l'on prétend défendre alors qu'on la mine un peu plus, que l'on dit aimer là où on l'enferme dans des débats stériles ?

Pourquoi ne donne-t-on pas la parole à ces jeunes sans cesse renvoyés à leurs « origines », qui clament fraternité, égalité, respect et qui sont inquiets et lassés d'être associés sans cesse aux actes de certains adolescents en dérive ? Il nous a fallu prendre part, montrer, bouleverser une forme de discours tout fait qui relève du sens commun, discours établi qui consiste uniquement, systématiquement, obsessionnellement, à guetter le désordre attendu, celui de cette jeunesse que l'on ne connaît pas autrement qu'au travers de catégories toutes faites et mortifères, quand elles ne sont pas implicitement ou explicitement racistes. Dans ces quartiers déshérités, où la mixité manque cruellement[2], où la pauvreté existe souvent[3], il y a tant de talents. Tant d'élèves en demande de savoirs, tant d'enfants et d'adolescents qui attendent de l'école des réponses aux questions parfois essentielles qu'ils se posent, parfois avec tensions, parfois en opposition aux valeurs de l'école. Mais s'ils osent s'exprimer, c'est bien parce que le lien avec l'école et leurs attentes sont là, présents, à disposition des maîtres et des professeurs du secondaire, général, technique et professionnel.

---

2. Arthur Frayer-Laleix, *« Et les Blancs sont partis », Reportage au cœur de la fracture ethnique*, Paris, Fayard, 2021.

3. Choukri Ben Ayed (dir.), *Grande pauvreté, inégalités sociales et école. Sortir de la fatalité*, Paris, Berger-Levrault, 2021.

Avons-nous pourtant échoué ? Non. Nous avons semé certes, du moins nous raccrochons-nous à cette idée. Nous avons semé, nous ne nous sommes pas tus, et c'est déjà beaucoup. Nous avons résisté, car il s'agit bien de cela, face aux discours systématiques sur des « territoires perdus », blessants pour les élèves et les familles qui confient leurs enfants à l'école de la République. Nous avons continué à parler, à dire le réel, à argumenter, chaque fois que cela était possible, et notamment à dire qu'en engageant un combat contre l'enclavement urbain, contre l'absence de mixité, on permet de désenclaver les regards des enfants. Que la réalité sociale rattrape trop souvent les efforts du travail réalisé. Quand le doute sur sa capacité à réussir dans ces quartiers ne vient pas de l'institution elle-même. Comment comprendre, sinon à prendre en compte une volonté mauvaise, une volonté d'aller vers le pire, que tout ne soit pas fait pour assurer la reconnaissance du travail fait ? Que tout ne soit pas fait pour donner une dignité aux élèves avec un effort pédagogique d'envergure. Amin Maalouf nous l'avait dit, dans *Les Identités meurtrières* : « C'est notre regard qui enferme souvent les autres dans leurs plus étroites appartenances, et c'est notre regard aussi qui peut les libérer[4]. » Qui s'en soucie et qui fait sien cet axiome que nous savons libérateur ?

Alors nous n'échouerons jamais si nous continuons à nous battre pour les élèves, la culture, le savoir, contre les inégalités sociales et les suspicions identitaires, contre l'absence de considération, les stéréotypes et les préjugés qui minent la cohésion sociale. Pour continuer à ouvrir tous les possibles pour ces enfants qui n'ont pas eu la chance de naître au bon endroit ni dans le monde social légitime. C'est le sens de ce livre.

Parce que nous défendrons toujours le principe d'éducabilité pour tous, sous peine d'avoir à renier le principe même d'école, parce que nous plaiderons sans répit pour l'égale dignité de considération, de regard et de respect de tous les élèves, parce que nous

4. Amin Maalouf, *Les Identités meurtrières*, Paris, Grasset, 1998.

savons ce que peut la pédagogie, nous restons inlassablement aux côtés des élèves, dans ces territoires populaires plus que jamais *vivants*, malgré tout.

Ce livre relève de cette volonté initiale : mettre en avant le projet républicain de l'éducabilité de tous, rendre justice aux élèves, aux enseignants et à l'école. Il témoigne du fait que nous continuerons, malgré tout, parce que *chaque élève compte*, d'où qu'il vienne, quel qu'il soit.

1.

Parce que tout commence par le regard que l'on porte sur les élèves

« Classes laborieuses, classes dangereuses », disait l'historien Louis Chevalier à propos du monde populaire du XIXe siècle[1]. Aujourd'hui encore, les jeunes des quartiers populaires sont largement victimes de regards péjoratifs et dépréciatifs. Ils sont le plus souvent envisagés comme perdants d'emblée, avant même d'avoir pu jouer. Dans les discours les plus sombres, ce sont les « irrécupérables », les « enfants qui n'iront nulle part », dont les parents, forcément, deviennent « démissionnaires » et « inaccessibles ». Au mieux, ceux qui s'en sortent sont perçus comme de simples « exceptions consolantes[2] ».

C'est ce regard dont il est question dans ce chapitre. Non pas un regard qui ignore la réalité du terrain, niant les difficultés réelles et les limites auxquelles chaque jour les enseignants doivent faire face, mais un regard qui donne une chance au lieu de condamner, un regard qui pousse à y croire au lieu d'abandonner. Poser les yeux sur ces enfants et leurs familles, les accueillir avec ce premier message, comme une profession de foi : « Personne ne devrait pouvoir désespérer de vous. »

---

1. Louis Chevalier, *Classes laborieuses et classes dangereuses à Paris pendant la première moitié du XIXe siècle*, Paris, Plon, 1958.

2. Jean-Paul Delahaye, *Exception consolante. Un grain de pauvre dans la machine*, Amiens, Librairie du Labyrinthe, 2021.

Ce sont ces questions qu'aborde le chapitre à venir. Les enseignants y témoignent d'un regard porté sur les élèves sans *a priori*. Parfois même d'un retournement de regard qui permet d'*élever* les élèves et de briser le défaitisme ambiant et les représentations devenues de plus en plus prégnantes, particulièrement après la période des attentats.

Donner à voir une autre image des « banlieusards »

Elsa Bouteville [1]

Elsa Bouteville revient sur le projet lancé avec ses élèves de CM2 et l'artiste de rue JR : des portraits sur les murs de la ville pour faire évoluer l'image des habitants des quartiers et lancer un « message d'espoir ».

26 juin. Ça y est, on y est. On a bien cru qu'on n'allait jamais y arriver. Avec ce fichu coronavirus, on avait même imaginé devoir abandonner le projet. Finalement, on y tenait tellement qu'on a tout fait pour braver les embûches qui, chaque fois, se sont accumulées. Sans doute parce qu'il n'était pas pensable de laisser passer une telle occasion : enfin, les élèves du quartier allaient pouvoir s'afficher, pour le meilleur, et sans le pire.

À la fin de l'automne 2019, dix-sept élèves de CM2 de l'école Joliot-Curie de Bagneux (Hauts-de-Seine) se lancent dans l'aventure « *Inside Out Project* », développée par l'artiste contemporain et photographe JR. Objectif : réaliser une série de portraits véhiculant un message, puis les coller dans un lieu public. Mais quel message ? Quelle cause défendre ? Que dire en grand format sur les murs de la ville ?

Le débat est lancé parmi les élèves. Ça fuse dans tous les sens. La laïcité, le racisme, l'égalité filles-garçons, tout y passe. Émerge alors la question « des banlieusards » et, plus précisément, l'image

---

1. Elsa Bouteville est enseignante à l'école élémentaire Joliot-Curie de Bagneux dans les Hauts-de-Seine. Ce texte a été publié dans *Le Monde* le 7 juillet 2020.

qu'ils renvoient. Cette image tenace, immédiate, d'enfants toujours en difficulté, forcément « enlisés », sans culture ni délicatesse. Cette image que, en classe, nous avions déjà abordée, questionnée puis remise en cause lorsque nous avions lu, plus tôt dans l'année, l'histoire de *Momo, petit prince des Bleuets*, écrite par Yaël Hassan [2].

Une autre image de soi

Car Momo, 10 ans, a beau vivre en plein quartier populaire, avoir des parents qui ne maîtrisent pas le français, un père au chômage, une sœur qui travaille au supermarché, un grand frère radicalisé, il s'en sort. Mieux : il intégrera un collège d'excellence. Une histoire que Deran, un élève de la classe, a résumée par ces mots accrochés au mur : « C'est pas parce qu'on part de très bas qu'on peut pas aller très haut. » C'est décidé, ce sera un message d'espoir. Les enfants du quartier ont aussi droit à leur chance.

Pour l'heure, il faut approfondir notre sujet. Éplucher les articles de journaux traitant de la banlieue, éplucher les programmes de campagne aux élections municipales. Repérer les champs lexicaux de la violence et de la délinquance, omniprésents dans la presse.

La révolte gronde dans la classe. « On n'est pas comme ça, hein ! ? », « Pourquoi ils disent qu'on brûle des voitures ? », « Et la drogue ? C'est vrai ? » Certains reconnaissent que : « Oui, il y en a qui font n'importe quoi, mais faut pas généraliser » ; « Oui, des dealers on en a déjà vus » ; « Oui, il y a les pompiers, souvent, mais quand même ! » ; « Faut leur dire qu'on est des gens bien aussi ! » [3] Notre message est là : donner à voir une autre image de soi. Et, sans doute alors, commencer à entrevoir la possibilité de s'envisager,

2. Yaël Hassan, *Momo, petit prince des Bleuets*, Paris, Syros, 1998.

3. Dans l'ensemble de cet ouvrage, nous avons pris le parti de restituer tels quels les propos d'élèves, qu'ils soient oraux ou écrits, en maintenant leurs style et orthographe, pour donner à voir le réel sans le transformer. (Note des directeurs d'ouvrage.)

de se projeter autrement. Mais comment faire pour qu'une photo parle d'elle-même, sans slogan, sans commentaire ?

« Faut qu'on se fasse beaux ! »

Immédiatement, il est question de cravates, nœuds papillons, chemises repassées, robes, blazers... Mais se faire beau ne suffit pas. L'habit n'est pas tout. Il en faut plus. Comment dire que nous, habitants de Bagneux, banlieue défavorisée, ne sommes pas forcément ce que vous croyez, ne sommes pas forcément ce que vous décrivez, ce que vous imaginez de nous ? Le débat s'anime. Ils cherchent. Puis l'idée tombe : chacun posera avec une œuvre de son choix. Après tout, Momo s'en est sorti grâce aux livres. Inspiré par Romain Gary, il n'a d'ailleurs qu'un objectif : devenir un grand écrivain français.

Les livres, ces objets symboliques, dont on sait l'écart d'expérience entre les milieux favorisés et défavorisés. Mais qui pourrait nous empêcher de nous en emparer ? Qui pourrait nous empêcher de les faire nôtres ? Personne, et surtout pas l'école. Alors, brandissons-les ! Mettons-en leur plein la vue ! Photos, maintenant !

Ensemble, on fixe une date pour les prises de vue. Un à un, ils arrivent en classe le matin. Jerson avec sa chemise à carreaux, Deran et son petit polo, Alima dans sa robe, Tolly habillée avec le blazer de sa maman, Thayaniès fier de sa chemise blanche nœud papillon, Marie et sa cravate... Puis Chérine, fan fidèle d'Ariana Grande, fait son entrée, de grandes mèches de cheveux lui bordant le visage. « Ça fait racaille, c'est pas bon », lui lance Jerson. Certains ont apporté des livres de chez eux, mais la plupart n'en ont pas, « pas trouvé à la maison ». Ils piochent dans la bibliothèque.

Se hisser si haut

L'après-midi, dans la cour, ils découvrent un véritable appareil photo avec boîtier et objectif. « On appuie où ? On règle comment ? Pourquoi on le fait pas avec un téléphone ? » Pas facile de faire un portrait. Il faut tenir l'appareil, fermer un œil, faire le point, cadrer et trouver le bouton. Mais on est des vrais photographes, oui ou non ? « Et JR, tu crois qu'il fait ses photos comment, lui ? »

Dix-sept portraits au départ. Là-bas, à New York, où se trouvent les ateliers de JR qui développeront les photos, on nous fait savoir que ce n'est pas assez. Un minimum de cinquante portraits est recommandé. Bonne raison pour donner plus d'ampleur au projet. Cette fois-ci, on sort de l'école. Et c'est appareil en main, sacs remplis de livres, que la classe tourne dans le quartier, interpellant passants, commerçants, dames de service, jeunes sur le parking, voisins qui, pour la plupart, acceptent et prennent la pause. Viendra plus tard le tour du rendez-vous avec les familles. Une petite sœur, un père, une mère, venus se faire photographier dans la cour de l'école.

En début d'été, bonne nouvelle : l'autorisation d'afficher les portraits sur les murs de la piscine est accordée. Un bloc bien visible, au cœur de la cité. Le collage est réalisé par un artiste de la ville, faute de pouvoir laisser les enfants monter sur l'échafaudage. Reste à prévoir la soirée d'inauguration. Les images sont parlantes, certes, mais rien n'empêche d'en rajouter. Les élèves préparent leur discours. « Un discours ?! Y'aura un micro ? » Il faut trouver les mots, les mots pour dire fort, et devant l'assemblée, comment ils ont finalement réussi à se hisser si haut, et si beaux, sur les murs de la cité.

Tout est prêt. On y va. Tolly la première.

« Bonjour à tous et merci d'être venus nous écouter. Nous, habitants de banlieue, devons nous battre pour obtenir ce que nous voulons alors que certains l'ont à portée de main. Nous ne sommes peut-être pas riches d'argent, mais d'intelligence. Les photos que vous voyez montrent que nous sommes armés en savoir. Connaître une personne avant de la juger, c'est comme connaître la banlieue avant de la juger. Aux habitants du quartier qui sont là ce soir, je veux leur faire passer un message : cultivez-vous. Un livre, c'est ennuyant, me direz-vous. Les écrans, c'est mieux. Eh bien non. Avec un livre, on apprend, on s'amuse, on sait mieux écrire. Tout le monde peut lire, alors faites-le. En ce qui me concerne, je lis, j'écris, je sais ce que je veux et je ne laisserai personne me mettre des barrières sous prétexte que j'habite en banlieue. Merci de votre attention. »

« Je suis entré à l'université malgré un parcours scolaire chaotique »

Cheik Sidibé, avec Fabien Pontagnier[1]

Étudiant en sociologie à l'université Paris-IV, Cheik Sidibé raconte sa perception de l'école au prisme de son parcours scolaire accidenté.

Je m'appelle Cheik. J'ai 19 ans. J'ai connu un parcours scolaire qu'on présente volontiers comme chaotique, accidenté, en tout cas loin des modèles de réussite linéaire. Pourtant, bachelier de la série littéraire, je poursuis des études de sociologie à l'université Paris-IV. J'avais entamé une licence d'histoire. Mais le contexte sanitaire, les cours à distance, les enseignements qui me semblaient trop figés m'ont déplu et m'ont décidé à me réorienter. Je gardais en tête un désir profond d'enseigner l'histoire et la géographie. Cela restait un objectif assorti d'une certaine volonté de revanche envers un système éducatif avec lequel j'ai eu maille à partir. Mais je me suis pris de passion pour la sociologie. Une discipline nouvelle pour moi, qui me permet, en fin de compte, de faire de l'histoire autrement.

« Ma scolarité est faite de douleurs »

Pour moi, tout fut compliqué. Peu de personnes ont cru en mes capacités et peu m'auraient imaginé réussir dans une voie générale,

---

1. Cheik Sidibé est étudiant et Fabien Pontagnier est professeur d'histoire-géographie au collège Joliot-Curie de Stains en Seine-Saint-Denis. Ce texte est paru dans *Le Monde* le 6 octobre 2020.

et encore moins poursuivre des études supérieures. J'aimais pourtant l'école, à ma façon. J'ai subi quatre exclusions d'établissement qui ne m'en ont pourtant jamais dégoûté. Les feuillets interminables de rapports disciplinaires, les innombrables heures de retenue ou les exclusions temporaires ne m'ont jamais fait dévier du chemin de l'école non plus.

C'était simplement un chemin de traverse. C'est pourtant comme si j'avais dû affronter encore plus d'obstacles que mes camarades, franchir davantage de haies, et oublier encore plus de remarques désobligeantes et négatives de nombreux enseignants.

À leur décharge, j'ai toujours été un élève qu'on qualifie de difficile. Un « enfant à problèmes », un élève perturbateur qu'on identifie immédiatement dans une classe et qu'on essaie d'isoler lors de la constitution des effectifs. Turbulent, je m'ennuyais et me montrais régulièrement insolent envers les adultes. Ma scolarité révèle les impasses de notre système. Du moins, pour être plus mesuré, d'une partie de celui-ci.

Combien d'élèves, en effet, traversent une scolarité aussi pénible que la mienne ? Si c'était dur pour les adultes qui m'encadraient, comprenaient-ils à quel point c'était difficile pour moi ? Mon parcours est fait de douleurs, d'amertumes et d'incompréhensions. J'ai l'impression de n'avoir jamais été assez écouté et entendu par les adultes à l'école.

En cinquième, j'ai participé à un dispositif dont on m'avait dit qu'il me conviendrait mieux que le système classique, qui s'appuyait sur la danse et le théâtre. Ce fut un échec. En quatrième, j'ai rejoint une « classe-relais[2] ». Nouvel échec. Le principe pourtant me séduisait : de nombreuses activités sportives et culturelles et peu d'élèves (nous étions six). Cet équilibre entre activités extrascolaires et temps en classe me convenait et m'a permis de reprendre goût à l'école. Nous laissions nos smartphones à

2. Classe qui accueille les élèves en grande difficulté scolaire.

l'entrée de « l'espace cours » et nous disposions d'un encadrement remarquable ; un coordinateur, un assistant d'éducation et des professeurs du collège qui venaient à tour de rôle enseigner leurs disciplines. Malheureusement, mon mauvais caractère m'a rattrapé, et un incident avec l'un des responsables du dispositif a entraîné mon exclusion. J'étais néanmoins en décalage avec mes camarades qui, pour la grande majorité, avaient rejoint ce dispositif du fait de leurs difficultés scolaires. J'avais au contraire de bons résultats. C'était mon comportement qui posait problème.

Dès la fin de la quatrième, j'ai donc intégré un nouvel établissement, le dernier de ma ville que je n'avais pas encore fréquenté. J'y connaissais la majorité des élèves que j'avais rencontrés en classes de maternelle et primaire. Autant dire que mes échecs scolaires passés dans les autres collèges de la commune, bien connus de tous, m'avaient forgé une solide réputation. Beaucoup attendaient mes premières bêtises avec impatience et m'y encourageaient même afin que leur vie au collège soit un peu plus animée...

Une expérience déterminante

J'ai compris que l'école était surtout faite de rencontres. Celles-ci peuvent changer notre perception des cours. J'ai fini par rencontrer des regards bienveillants de la part de plusieurs enseignants qui ont enfin réellement cru en moi. Ils m'ont soutenu, porté et accompagné durant ma dernière année dans l'établissement.

Malgré cela, l'image de l'élève turbulent continuait à me coller à la peau. En troisième, j'ai participé avec un groupe d'élèves au concours national de la Résistance et de la déportation. Je n'en avais pas particulièrement envie mais mes enseignants m'ont forcé à m'engager dans cette aventure qui s'est révélée une belle expérience.

Nous avons eu la chance de remporter le prix du Concours national de la Résistance et de la déportation en 2017. Le projet était interdisciplinaire et nous a permis de découvrir de nombreuses structures artistiques et culturelles. J'y ai trouvé des parentés avec l'enseignement reçu lors de mon passage dans le dispositif relais. Avec mes camarades, nous formions un groupe d'une vingtaine d'élèves volontaires, réunis au départ avec la volonté unique de profiter du voyage pour les lauréats que nous avait fait miroiter notre enseignant. Et puis nous nous sommes pris au jeu des recherches historiques attendues, du travail en archives, de l'enquête sur les parcours des résistants et déportés de Stains, en Seine-Saint-Denis. C'est cette démarche qui m'a donné l'envie d'enseigner l'histoire-géographie. Ce n'est d'ailleurs pas un hasard si, parmi les élèves de troisième de notre groupe, plusieurs aujourd'hui suivent des études d'histoire à l'université. Cette pédagogie vivante et vivifiante nous a permis de réussir cette année de brevet et de nous projeter avec un socle de connaissances et une appétence culturelle dans la suite de notre scolarité.

Notre projet s'intitulait « Mémoires de déportés[3] ». Monsieur Pontagnier en était le professeur référent avec son collègue d'éducation musicale, monsieur Pierre. L'objectif de cette démarche interdisciplinaire était de comprendre l'histoire des déportations et des répressions à travers l'exemple de situations locales, en l'occurrence de parcours de Stanois. Ces deux enseignants ont toujours considéré la pédagogie de projet comme une « pédagogie de l'intelligence » (pour reprendre l'expression du pédagogue Philippe Meirieu), c'est-à-dire valorisant la créativité et le sens pratique des élèves. De telles démarches encourageant à apprendre autrement favorisent la confiance et peuvent redonner le goût des apprentissages.

J'étais un élève pour qui le cadre traditionnel de la classe convenait peu. Mais je ressentais un désir d'apprendre et de me nourrir culturellement que ces deux enseignants ont rapidement

3. Cf. Amaury Pierre, Fabien Pontagnier, « Mémoires de déportés, de Stains à Buchenwald », *in* Benoit Falaize (dir.), *Territoires vivants de la République*, *op. cit.*, pp. 240-252.

senti. Un groupe de seize élèves volontaires fut engagé dans une démarche de travail importante. La plupart des ateliers et des séances avaient lieu en dehors des heures de classe ou nous obligeaient à rentrer beaucoup plus tard chez nous que nos camarades. Une alchimie s'est faite entre les enfants et les adultes référents du projet. Plusieurs enseignants de l'établissement y étaient d'ailleurs engagés à des degrés divers. Il y avait également de nombreux acteurs extérieurs au collège qui, au fur et à mesure du développement de notre projet, se sont joints au groupe.

Durant les dernières séances, on comptait presque autant d'adultes que d'élèves. Plusieurs parmi eux nous ont finalement accompagnés au mémorial de Buchenwald et au Struthof durant notre voyage mémoriel et historique à l'issue du concours. Le projet a profondément évolué du fait des apports disciplinaires des enseignants. L'approche artistique, musicale essentiellement, nous a conduits à nous saisir de façon plus sensible du contexte et des événements historiques. Cet entremêlement des disciplines, ce que monsieur Pontagnier nommait l'intradisciplinarité, a facilité notre compréhension des phénomènes historiques, politiques et sociaux.

Développé dans un établissement inscrit en réseau d'éducation prioritaire renforcé, ce travail s'est co-construit avec nous, élèves de troisième de banlieue, fragilisés par les inégalités socioculturelles. La pédagogie de projet a permis de valoriser notre territoire de vie et nous a également redonné le goût de notre territoire local que nous dénigrons trop souvent. Elle a favorisé la découverte de structures culturelles, mémorielles et associatives multiples comme le mémorial de la Shoah de Paris et Drancy, le mémorial du Mont-Valérien, la ville de Compiègne, ou l'Association française Buchenwald Dora et Kommandos que, pour la plupart, nous n'aurions jamais découvertes sans ce concours.

Nous avons été les acteurs du projet depuis son développement jusqu'à sa restitution. La transmission inscrite au cœur de la démarche était essentielle pour valoriser notre réseau d'éducation prioritaire.

La fin de l'exclusion

Malheureusement, entre-temps, j'ai de nouveau été exclu de l'établissement durant l'année et donc, durant ce projet. Dans mon nouveau collège, j'ai rencontré une cheffe d'établissement remarquable. Son discours à mon égard fut extrêmement clair : « Quoi que tu fasses, chez moi, tu ne seras pas exclu. » J'ai compris que les bêtises ne me seraient plus utiles pour fuir mon quotidien. Et je me suis enfin, sérieusement, mis au travail.

D'ailleurs, malgré mon intégration dans ce nouvel établissement, j'ai continué à accompagner le groupe du concours de la Résistance à certaines sorties pédagogiques, en dehors des heures de cours, et avec l'accord de mon ancien principal. J'ai participé aux concerts pédagogiques qu'ils ont préparés. Les élèves du groupe ont interprété sur scène un corpus d'œuvres sur le thème des déportations, notamment une œuvre originale, *Je reviens de l'enfer*, composée par Pierre Chépélov et adaptée de poèmes en vers libres d'un déporté politique belge, Léon Leloir.

Le groupe les avait auparavant étudiés aux Archives nationales. L'institution conserve en effet le tapuscrit original du recueil de poèmes publié en 1945. Sur scène, je tenais un rôle de récitant, tandis que les autres élèves formaient un chœur qui, associé à des musiciens professionnels, était dirigé par un chef d'orchestre, Yohan Recoules. J'ai également rencontré des témoins survivants des camps, Fernand Devaux notamment, avec lequel j'ai noué une amitié sincère.

Entré au lycée, à Saint-Denis (Seine-Saint-Denis), j'ai découvert le théâtre et j'ai pris goût à l'art dramatique. Je m'y suis épanoui. Des adultes m'ont accompagné, m'ont aidé à rester concentré sur mon travail et à ne pas retomber dans mes travers. Durant mes années de lycée, j'ai continué à intervenir dans le cadre des projets CNRD de mon ancien collège, avec les mêmes enseignants. Ils me permettaient de les accompagner durant des sorties pédagogiques et d'intervenir auprès des élèves de troisième pour expliciter des éléments historiques que j'avais approfondis depuis. Enfin, j'ai pris part aux concerts pédagogiques organisés en 2018 et 2019, donnés notamment en hommage à mon ami Fernand, décédé en mai 2018. J'ai finalement obtenu mon bac L avec mention bien.

« L'école est belle »

Avec le recul, en regardant mon parcours scolaire, je réalise ce que l'école n'a pas su faire, notamment parce qu'elle manque de moyens pour l'accompagnement individuel des élèves. Mais je mesure également ce dont elle est capable, grâce à des professeurs engagés, parfois grâce à toute une équipe pédagogique volontaire. Des adultes, enseignants, chefs d'établissement, assistants d'éducation, qui considèrent que l'école ne se résume pas aux seuls cours. Et qui s'intéressent d'abord à ce qu'est un élève et à la personne qu'il va devenir.

Et puis, je comprends aujourd'hui que ce parcours chaotique n'est pas uniquement le fait d'un système éducatif déficient et qu'il est impossible de le désigner comme seul responsable de mes déboires. J'y ai aussi une grande responsabilité. Je n'étais pas toujours prêt, disponible pour entendre les remarques qui m'étaient faites. J'avais sans doute besoin de plus de temps, et de suivre une voie moins linéaire.

L'école est faite pour construire les enfants, participer à la formation des futurs citoyens. Le rôle qui nous a été donné, au collège, de nous faire devenir « passeurs d'histoire » avec des élèves de CM2 en est un bon exemple[4]. Mais l'école peut aussi déconstruire et détruire. Un adolescent qui perd confiance en lui, qui se sent écrasé par la charge des cours, le rythme des leçons, qui s'ennuie simplement car ce qui est fait en classe ne lui convient pas, peut rapidement s'écarter du droit chemin fixé par l'institution.

---

4. Voir Amaury Pierre, Fabien Pontagnier, « Mémoires de déportés, de Stains à Buchenwald », art. cit.

L'école est belle et offre des possibilités infinies dont je suis l'exemple. Mais elle est aussi une institution ancienne, figée peut-être dans des cadres trop formatés, qui veut trop souvent ranger les élèves par catégories. Que deviennent ceux qui sont hors cadres ? Quelles solutions peuvent leur être proposées ? Surtout quand les parents ne maîtrisent pas ou mal la langue et les codes sociaux. Les inégalités territoriales sont déterminantes, et ce sont bien les espaces les plus fragiles, les plus pauvres du pays, et leurs enfants qui souffrent de ces manques.

L'école et le savoir, des remparts contre l'obscurantisme et l'intégrisme

Leïla Marouf Arras [1]

L'assassinat de Samuel Paty a laissé des traces vives dans l'ensemble de la communauté scolaire. Choqués comme les enseignants, les parents, solidaires, ressentent eux aussi un profond malaise. Témoignage d'une mère.

Malaise, effroi, douleur, incompréhension, nous avons tous été choqués face à l'effroyable assassinat de Samuel Paty le 16 octobre 2020. Un professeur qui défendait la liberté d'expression a perdu la vie car il essayait d'éclairer les enfants, de leur inculquer la tolérance et une ouverture d'esprit. Comment peut-on en arriver là ? Comment des messages de parents choqués par le fait que l'on montre les caricatures de *Charlie Hebdo* à leurs enfants ont pu pousser un homme à tuer ? Si le discours à l'encontre des caricatures s'entend fréquemment dans la communauté musulmane, que cela pousse au meurtre dépasse l'entendement.

Un musulman qui n'a pas été à l'école de la République comprend difficilement le droit au blasphème. Pour lui, la religion est sacrée et on ne devrait pas avoir le droit de s'en moquer. Difficile de faire comprendre à un croyant que se moquer de sa religion ne veut pas dire qu'on se moque du croyant.

Ce qui est inquiétant aujourd'hui, c'est que l'école n'arrive pas toujours à apporter aux élèves des réponses aux questions qu'ils

---

1. Leïla Marouf Arras est mère de deux élèves scolarisés en Seine-Saint-Denis. Ce texte a été publié dans *Le Monde* le 17 novembre 2020, juste après l'assassinat tragique de Samuel Paty.

peuvent se poser, et qu'elle échoue parfois à les éclairer sur les valeurs de notre pays. Elle devrait davantage s'attacher à expliquer les raisons du choix de la laïcité en France, quand d'autres pays européens n'ont pas fait le même. L'enseignement de l'histoire de France, par exemple, peut insister sur les rapports entre pouvoir et religion pendant la monarchie et à la Révolution française. Le principe de laïcité s'ancre dans une histoire singulière.

Mais personne ne s'intéresse vraiment à ces enfants bercés dans une double culture et qui ont du mal à faire la part des choses. Pour ma part, j'apprends à mes enfants que nous sommes des Français avec des origines étrangères et que la double culture est une richesse. Nos enfants supportent l'équipe de France et se passionnent pour la Coupe d'Afrique des nations (CAN), c'est avec eux que nous devons construire la société française de demain, une société riche de son ouverture sur le monde.

Notre religion fait aussi partie de nous, mais Français et musulmans, est-ce incompatible, comme le prétendent tant de discours ? À lire certains messages sur les réseaux sociaux, on mesure la haine antimusulmans déversée depuis des années, notamment après chaque attentat...

La majorité des musulmans pratiquent leur religion en toute discrétion et ne demandent qu'à rester en paix avec tout le monde. Mais on va toujours pointer du doigt la personne déviante, extrémiste et violente qui se réfère à l'islam pour justifier ses actes. Résultat, la personne de confession musulmane va être prise dans cet amalgame et en devenir la victime. Il me semble que la laïcité, qui est l'acceptation de tous, est devenue pour certain un argument pour rejeter tout l'Islam, tout ce qui constitue l'autre. Ce rejet ne pousse-t-il pas au communautarisme et au repli sur soi ?

Ces banlieues qui manquent de moyens

L'école et le savoir apparaissent alors comme un rempart contre l'obscurantisme et l'intégrisme. Mais, dans nos banlieues, les moyens ne sont pas toujours là pour soutenir les professeurs qui essaient de pousser les élèves vers le haut.

Liberté, égalité, fraternité : qu'y a-t-il réellement derrière ces valeurs et principes ? Nous, parents de cultures étrangères, pouvons parfois avoir l'impression que l'école ne nous voit pas comme des interlocuteurs à égalité avec les autres parents. C'est important que les enfants sentent que leurs parents sont respectés, qu'ils sont reconnus par l'école comme capables d'éduquer leurs enfants.

On sait que les écoles de Seine-Saint-Denis souffrent de manque de moyens : quand, dans d'autres départements, les professeurs absents sont quasi systématiquement remplacés, dans le nôtre, des classes peuvent rester plusieurs mois sans cours dans certaines matières.

Le lycée de notre ville a été en travaux pendant trois ans. Entre les bruits engendrés, les dangers liés aux engins de chantier et les nuisances multiples, les enfants et leurs professeurs ont dû s'adapter à des conditions de travail difficiles. Nous, parents, avons soutenu nos enfants comme nous le pouvions, mais comment justifier de telles conditions d'enseignement ? Les travaux auraient-ils pris si longtemps dans des quartiers plus favorisés ? Les classes ne se seraient-elles pas vu proposer un lieu alternatif le temps des travaux ?

J'ai deux enfants et, à chaque fois que je rencontre leurs professeurs, je suis en admiration devant leur patience, leur passion pour leur métier, leur envie de faire progresser les élèves. Ils sont pleins d'idées et d'envies, il faudrait vraiment les soutenir. Je me souviens qu'un jour, lors d'une réunion parents-profs, une professeure principale a fondu en larmes car elle n'arrivait pas à faire comprendre à des parents que leur enfant ne pouvait pas passer en seconde générale et qu'un bac professionnel était tout aussi bien. Elle ne devrait pas être seule dans ces moments où les choix d'orientation pour un élève ont des conséquences sur son avenir.

Apprendre à nos enfants à penser par eux-mêmes

Récemment, des élèves de CM2 ont été arrêtés par la police pour apologie de terrorisme. Quand bien même leurs propos étaient violents et inappropriés, fallait-il faire intervenir des policiers armés et cagoulés à 7 heures du matin à leur domicile pour interpeller ces enfants de 10 ans ? Il y avait peut-être d'autres solutions... En tant que mère, cela me questionne. L'école devrait être un espace de liberté où l'élève puisse dire ce qu'il pense sans être jugé. C'est normal qu'un enfant pose des questions. Souvent, les questions des enfants sont directes et tombent juste. Mais ce ne sont pas des agressions ! Il faudrait pouvoir y répondre sérieusement, créer ces moments de confiance entre l'élève et le professeur ou d'autres professionnels.

Beaucoup d'enfants sont issus de milieux familiaux complexes et on peut regretter un manque de moyens pour les accompagner et les faire progresser. C'est souvent ce type d'élèves qui dévient du bon chemin, et c'est peut-être à l'école de savoir « diagnostiquer » cela et proposer pour eux un suivi particulier. L'école et l'État doivent accompagner la réflexion vers une maturité qui permette aux élèves de distinguer ce qui est bon ou mauvais dans le monde qui les entoure. Leur apprendre à penser par eux-mêmes et à ne pas être influencés par un entourage qui parfois peut leur être nuisible.

Nous sommes des citoyens de ce pays, choqués et meurtris à chaque fois qu'il est agressé. Il y a cinq ans, les attentats de Paris et Saint-Denis attaquaient une certaine idée de la France : le plaisir d'être ensemble, la joie et la fête. Ils nous rappellent que ce qui a été ciblé par cette série d'attentats de 2015, c'est notre vivre-ensemble.

Aujourd'hui, le meurtre de Samuel Paty nous remplit de questions, mais il faudra se relever. Le débat doit dépasser le droit à la liberté d'expression : la lutte contre le terrorisme se fera avec nos enfants, et non contre eux.

« Moi, prof des écoles, le 2 novembre, je n'aurai qu'une idée en tête : continuer »

Tribune publiée dans le journal *Libération* le 18 octobre 2020.

Des enseignants auteurs de *Territoires vivants de la République*, essai sur l'école au-delà des préjugés, rappellent le sens de leur mission malgré l'assassinat de Samuel Paty.

Tribune. Moi, enseignant, le 2 novembre, je reprendrai le chemin de l'école. J'ouvrirai la porte de ma classe. J'appellerai un à un le nom de mes élèves. Je chercherai dans leurs yeux le lien interrompu par deux semaines de vacances, et avec chacun d'entre eux je renouerai le fil. Puis ce sera le moment de redire ensemble ce qui s'est passé vendredi. Avant même de parler, je leur donnerai la parole, j'écouterai ce qu'ils ont à me dire, et nous traverserons ensemble les récits, les silences, les questions. Je n'aurai pas réponse à tout.

Moi, prof des écoles, le 2 novembre, je n'aurai qu'une idée en tête : continuer. Comme avant et pour toujours. Et comme avant, nous nous rassemblerons le matin. Comme avant, nous lirons les livres qui condamnent les préjugés. Comme avant, nous interrogerons le monde qui nous entoure. Comme avant, nous irons au musée et ouvrirons nos yeux sur d'autres tableaux. Comme avant, nous aiguiserons notre esprit critique et débattrons de la vie, de tous ces hommes et femmes qui parfois deviennent fous. Comme avant, nous brandirons le droit de chacun à être ce qu'il est, son droit à croire ou ne pas croire et, comme avant, notre seule limite au programme sera l'intolérance et la haine.

Moi, prof d'histoire, le 2 novembre, je serai avec des adolescent·e·s venu·e·s là pour apprendre, pour se retrouver, pour nous retrouver. Ils auront beaucoup plus peur que moi. Ils savent les regards qui pèsent sur eux et parlent à leur place. Qui les chargent de ce qu'ils n'ont pas commis. J'essaierai de ne pas les enfermer dans un meurtre abject. Nous travaillerons. Au détour d'un texte, nous trouverons une place pour discuter. Certain·e·s diront de grosses bêtises. À l'école, ça s'appelle apprendre. Ces ados sont notre peuple et construisent notre culture. Ils feront vivre le pays qui me voit déjà vieillir.

Moi, prof dans le premier degré, pour eux, pour lui, je tâcherai de ne pas me laisser impressionner, de ne pas revoir à la baisse ce qui fait le cœur de notre travail. Je continuerai plus que jamais à proposer des espaces de dialogue entre nous, enseignants, pour que nous puissions nous dire, nous raconter, nous questionner aussi, professionnellement et humainement. Nous continuerons de construire avec nos élèves les pluriels, d'y puiser nos forces, et tenterons de lever les amalgames.

Moi, prof d'histoire, le 2 novembre, dans ces territoires décriés, je regarderai les enfants en me disant qu'il pèse dorénavant sur leurs épaules, encore plus qu'avant, le poids des regards et des jugements. J'ai peur pour eux, qui n'en ont pas toujours conscience, que le lien avec leur République se distende. Gardons-les près de nous car ils sont le souffle de notre école.

Moi, chef d'établissement, le 2 novembre, je viendrai plus tôt. Mes collègues adjoints seront là eux aussi, et dès 7 h 15, nous ouvrirons en grand les deux portes d'accès. Accueillir les collègues, les élèves, échanger les premiers regards, recevoir les premiers mots, incarner l'institution, soutenir et faire lien. Je m'y prépare déjà. Je ne sais quelle forme cela prendra, mais il nous faudra collectivement trouver le moyen d'absorber cette vague : l'émotion, la tristesse, l'indignation, la colère. Permettre à la peur de dire son nom. Poser une première analyse, avec les outils de l'école, les mots de la raison, avec précaution, avec humilité, avec justesse, autant que possible, pour mettre à distance de soi, ne pas se perdre, ne pas se laisser vaincre.

Moi, prof d'histoire, le 2 novembre, je continuerai à lire avec mes élèves de terminale la *Lettre ouverte au monde musulman,* écrite par Abdennour Bidar en janvier 2015 au lendemain des attentats contre *Charlie.* Comme toujours, je leur demanderai ce qui, dans ce texte, fait écho à leurs convictions profondes. Comme toujours, aussi, ce qui dans ce texte les choque. Parce qu'ils ont le droit d'être choqués.

Moi, prof de musique, le 2 novembre, je retournerai en classe, accueillir mes 457 élèves d'éducation prioritaire. Sans les presser, ni les contraindre, je parlerai avec ceux et celles qui le souhaitent de ce qui s'est passé vendredi. Je les laisserai exprimer leur crainte, leur doute, leurs interrogations, leur révolte. Puis, comme nous l'avons toujours fait, nous chanterons ensemble un gospel, puis deux. Nous chanterons un Work Song. Nous chanterons *Le Chant des partisans.* Ensemble, nous chanterons *Le Chant des marais.* Ensemble, nous reprendrons le fil de notre cours.

Moi, prof d'histoire, le 2 novembre, je n'aurai pas cours, mais je viendrai quand même au lycée. Pas pour faire de grands discours : je n'ai pas de mots. Pas pour faire des promesses cousues de « plus jamais ça » et de « nous n'oublierons pas ». Le 2 novembre, j'apporterai ce dessin de Zep que j'ai déjà projeté le jour de la prérentrée pour dire aux élèves ma foi en l'école, mon bonheur d'enseigner, ma confiance en eux. Je leur lirai des textes de Voltaire, de Zola, d'Éluard ou de Camus. Je les écouterai. Et le 3 novembre, nous travaillerons. C'est ce que nous faisons de mieux ensemble. C'est ainsi que la raison et le sens reviennent.

Nous travaillons au quotidien contre toute forme d'obscurantisme et de haine, contre la violence et les amalgames. Notre immense tristesse et notre colère après l'assassinat de Samuel Paty n'éteignent pas notre détermination. Nous, le 2 novembre, nous serons devant et avec nos élèves. Pas lui.

Signataires : Fabien Pontagnier, Amaury Pierre, Laaldja Mahamdi, Elsa Bouteville, Anne Angles, Caroline Latournerie (région parisienne), Cécile Berterreix (Pyrénées-Atlantiques), Florent Kieffer (Grand Est), Jean-Jacques Fito (Franche-Comté), auteur·e·s de *Territoires vivants de la République,* La Découverte, 2018.

Raconte-moi ton école

Cédric Gance [1]

Comment impliquer des parents éloignés de l'école ? Des élèves de CM2 mènent un projet d'enquête sociologique sur le parcours scolaire de leurs parents. Une façon de construire un pont entre les familles et l'institution scolaire.

Certaines familles en difficulté ont, pour diverses raisons, le sentiment qu'il n'y a pas de place pour elles dans l'école. Pourtant, bon nombre de ces parents sont profondément intéressés par le travail de leurs enfants, même s'ils ont le sentiment que le « scolaire » n'est pas leur monde. S'ils ont quitté son univers depuis longtemps, ils n'en sont pas moins des partenaires essentiels dans le parcours de l'élève.

Maître de CM2, directeur de l'école élémentaire publique Célestin-Freinet à Creil, dans l'Oise, et depuis vingt ans en REP, je n'ai jamais mis de barrières entre eux et moi. Bien au contraire, il me semble nécessaire d'ouvrir l'école, de la rendre accessible à tous les parents, et pas seulement à ceux que leur parcours scolaire rend confiants. La relation aux parents d'élèves doit être une évidence, et il convient de mettre en valeur leur implication.

Le vécu familial partagé entre un père, une mère et leur(s) enfant(s) peut contribuer à donner du sens à la scolarité de l'élève.

---

1. Cédric Gance est professeur des écoles et directeur de l'école élémentaire publique Célestin-Freinet à Creil, dans l'Oise. Ce texte a été publié dans *L'École des lettres* le 25 août 2020.

Son introduction au sein de l'institution offre à l'enfant un cadre rassurant qui le sécurise et, ce faisant, rend sa scolarité plus heureuse.

Le projet « Mon histoire à travers l'école »

Au cours de l'année scolaire 2018-2019, le projet « Mon histoire à travers l'école » est venu matérialiser cette ouverture de l'école à des parents pour qui elle n'est pas un milieu familier. Ce projet a été filmé par Isabelle Bonnet-Murray pour la réalisation du documentaire *Réenchantons l'école*[2].

L'objectif était d'enquêter, avec les élèves, pour comprendre la manière dont leurs parents avaient vécu leur propre scolarité. En adoptant une démarche scientifique soutenue et validée par la sociologue Linda Ntola, ils ont pu réfléchir à la définition du mot « enquête » et, dans leur recherche de témoignages, concevoir un questionnaire destiné... à leurs parents. En effet, quels témoins de l'école du passé auraient pu être plus proches d'eux ?

L'élaboration du questionnaire s'est imposée logiquement pour le recueil de données. Il a été perfectionné avec l'aide de notre mentor sociologue qui a permis d'identifier les étapes et le vocabulaire de la démarche scientifique : état de l'art, glossaire, analyse de données, etc.

Une fois l'enquête terminée, les parents ont été invités à témoigner oralement en classe. Ceux qui le souhaitaient ont également pu participer à la représentation théâtrale de fin d'année, « Mon histoire à travers l'école ». Car le projet avait aussi une visée artistique, un spectacle sur l'histoire des individus à travers l'école, en partenariat avec La Grange à Musique, salle de diffusion de spectacles vivants, à Creil. Et certains parents ont, en effet, accepté de vaincre leur réserve ou leur timidité pour accompagner leur enfant.

2. Diffusé le 5 octobre 2021 sur la chaîne France 3 Hauts-de-France.

Les objets d'un passé scolaire

Les parents, que l'on pense parfois éloignés du monde scolaire, ont tous répondu, sans exception, aux questionnaires.

Une grande partie d'entre eux, intimidés par le retour à l'école, sont malgré tout venus en classe pour échanger sur leur vécu scolaire. Certains ont même apporté des objets de leur enfance : un cahier, un manuel, une toupie, des traces du passé, telles ces dizaines de photographies qui ont illuminé la classe par leur beauté et leur intensité. À travers ce projet, chaque parent a raconté son histoire à sa façon, à travers ses mots, ses images, des objets, des regards ou des émotions muettes.

Cette démarche, les parents l'ont effectuée par amour, allant parfois jusqu'à s'aventurer sur scène, la boule au ventre, pour évoquer ce qu'ils pensaient avoir transmis à leur enfant à travers des valeurs et des liens transgénérationnels parfois très liés à l'école, parfois plus intimes.

Interrogés sur ce qui les poussait à rejoindre le projet, certains ont répondu, comme le père de Myriam : « Ma fille m'a parlé du projet de classe. Alors, je voulais lui faire plaisir et venir à l'école. Il fallait être avec le maître, derrière ce projet et avec tout le groupe. » « En plus, souligne la mère d'Abdelwakil, très présente à l'école pendant ce travail, on ne voit jamais nos enfants dans le cadre d'une classe. »

Souvenirs d'école

Les deux tiers des parents sont venus à l'école. Le père de Myriam est resté tout au long du projet, me remerciant régulièrement, éberlué par les capacités d'initiative et de communication développées par sa fille.

Ce fut le cas aussi pour Noé, arrivé à l'école un mois après la rentrée. Les premiers temps, Noé ne répondait que par des hochements de tête. La confiance qu'on lui accordait l'a néanmoins incité à s'impliquer dans le projet. Cet angle d'apprentissage a permis de reconstituer le passé de sa mère, présente toute l'année et jusqu'à la représentation finale. Ensemble, ils ont pu mettre des mots sur une histoire douloureuse et redonner en partie le sourire à Noé. À quelques différences matérielles et pédagogiques près, vue à travers le prisme de l'école, l'histoire des parents pouvait, par moments, ressembler à celle de l'enfant, si l'école qu'ils avaient fréquentée jadis s'était trouvée dans notre région.

Dans d'autres cas, cette histoire interpellait, surprenait, stupéfiait l'enfant. Par exemple, Samavia a appris qu'au Pakistan son père n'avait connu qu'une seule sortie scolaire, dans les montagnes, et découvert la neige à cette occasion. D'autres ont raconté, les yeux brillants, des expériences ineffaçables vécues sur les bancs d'une école de Rabat ou de Bamako. Elles n'étaient pas qu'un souvenir anecdotique, mais un pan de leur histoire et de celle de leur famille. En les transmettant ainsi à leurs enfants, les parents de ces élèves ont écrit une nouvelle page de cette histoire.

« Dis, que m'as-tu transmis ? »

Dans le tableau final de « Mon histoire à travers l'école », parents et enfants sont sur scène, tous ensemble. Et les enfants posent cette simple question : « Dis, maman (ou papa), que m'as-tu transmis ? », qui donne la mesure sensible de ce qui se joue dans l'idée de transmission et de confiance dans l'école.

Parfois dans un français hésitant, mais toujours avec une force et une dignité entières, les parents s'expriment avec émotion.

La maman d'Adama : « Je t'ai transmis, mon fils, l'envie d'aller à l'école, car, à l'école, on peut travailler tout en s'amusant. »

Le papa de Samavia : « Je t'ai transmis, ma fille, qu'il faut étudier, que c'est une chance d'aller à l'école, car tous les enfants n'y vont pas. Et je t'ai transmis aussi d'être polie avec tes camarades et tes enseignants. Et puis le plaisir d'apprendre et d'être utile dans la société. »

Le papa de Myriam : « Je t'ai transmis, ma fille, le plaisir d'apprendre, le respect. »

La maman de Bilel : « Je t'ai transmis, mon fils, l'importance du travail et du respect, qui sont la base de la construction de ton avenir. À travers mon histoire, il me semble important de te rappeler qu'on peut s'exprimer, donner son opinion, et cela sans crainte, chose que je n'ai pas pu faire à mon époque par manque de confiance en moi. »

De la chance à l'optimisme

Ce terme de chance résume ma carrière en tant qu'enseignant et directeur dans un réseau d'éducation prioritaire, alors même que d'autres mots sont communément employés pour dire le « désagrément » de travailler dans des quartiers dits « sensibles ». Plutôt que de s'arrêter aux difficultés sociales, aux communautarismes, pourquoi ne pas s'appuyer sur le potentiel de l'enfant et, sans être naïf, se montrer optimiste ? Cet optimisme trouve sa raison d'être dans la chance : celle de côtoyer, chaque jour, une équipe à la solidarité jamais démentie, des parents d'élèves aux cultures aussi multiples qu'enrichissantes, celle de découvrir l'éblouissante générosité de beaucoup, et le désir d'apprendre des élèves.

Au final, il n'est pas surprenant que cette tâche éducative soit une chance dans la mesure où, au fil des années, elle permet une profonde ouverture à l'humain. Or, plus on échange, plus on se connaît, et plus on se comprend dans l'école de la République.

2.

Parce que le déterminisme social ne doit pas avoir le dernier mot

Le fatalisme social et l'absence criante de mixité sociale dans certains quartiers déshonorent la promesse républicaine [1]. Les inégalités sont, fondamentalement, profondément antirépublicaines. L'article 1 de la Constitution française l'exprime clairement : « la République est laïque et sociale ». L'école de la République, telle que Ferdinand Buisson et Jean Zay l'incarnaient, c'est cette école de la lutte contre les inégalités. L'école « bonne étoile », pour toutes celles et tous ceux nés sous le ciel sombre des difficultés sociales. L'école qui doit pouvoir permettre aux élèves de trouver un chemin d'émancipation. L'école pour tous, d'où que viennent les élèves, quels qu'ils soient.

Ce chapitre donne la parole aux enseignants qui luttent au quotidien contre le fatalisme à l'œuvre aujourd'hui. À travers des projets et des innovations pédagogiques, ils montrent combien le combat contre les inégalités sociales est un travail sans relâche, sans concession. Cette exigence qui oblige à aller plus haut, sans chercher à se trouver d'excuses, nous la devons aux élèves. Il s'agit de réussir « à tout prix » même quand l'urgence étrangle, le confinement l'a cruellement rappelé.

1. Cf. Choukri Ben Ayed (dir.), *Grande pauvreté, inégalités sociales et école*, *op. cit.*

« Cher Pierre Bourdieu, tu as tout faux sur le déterminisme »

Elsa Bouteville [1]

Quatre grands tombent sur un petit : l'établissement misant sur la réflexion plutôt que sur la sanction, ils se retrouvent à travailler sur la responsabilité et ce qui les pousse à la violence. Ils doivent proposer des idées. L'un d'eux écrit à l'auteur de La Reproduction.

« Pourquoi pour lui c'est crèche et vacances
Pour moi c'est stade de foot sans cage, sans filet, sans même une ligne blanche
Pourquoi pour lui c'est l'équitation, pour moi les bastons
Pourquoi ne suis-je pas né sous la même étoile ? »

Ces paroles du groupe de rap IAM pourraient être les vôtres. En termes d'égalité des chances, vous êtes en droit de vous poser les mêmes questions. L'école a beau essayer par tous les moyens de combler les écarts de départ, elle a beau développer tous les projets du monde, croire dur comme fer en vos talents, toutes vos richesses, parvient-elle pour autant à vous donner tout ce qu'au départ vous n'avez pas eu ? Tout ce dont vous avez manqué, toutes ces rages, ces désespoirs et ces empreintes de la misère, peut-elle au moins les atténuer ?

1. Elsa Bouteville est professeure des écoles à Bagneux dans les Hauts-de-Seine. Une première version de ce texte, différente, cosignée avec Benoit Falaize, a été publiée dans *Le Monde* le 6 juillet 2021.

Nous savons de quoi vous êtes capables. Et même si, parfois, vous vous retrouvez englués dans vos propres impasses, comme des codes dont vous ne parvenez pas à vous dégager, un langage que vous ne savez pas faire évoluer, l'espoir a toujours le dernier mot. Nous n'abandonnerons rien. L'école doit pouvoir vous mettre sur le chemin de la réussite, vous affranchir de vous-mêmes quand la reproduction sociale pèse de tout son poids sur vos épaules. Ainsi pensait Paulo Freire[2], ainsi prônait-il la nécessité d'une éducation émancipatrice. L'éducation par la prise de conscience de sa condition, non pas pour se lamenter, non pas pour s'excuser, mais pour mieux s'en libérer.

En ce mois de mai, il est justement temps de prendre conscience de vos actes. Dans la cour, ça vous a pris comme ça, un petit qui passe, seul, et vous, vous quatre, qui lui tombez dessus. Kay-Tony, Keenan, Kenzo et toi, David. Si vous avez voulu jouer les grands, les durs, les boss, vous avez surtout montré qu'il y a encore du boulot. Vos représentations sont à l'envers. Le vrai boss n'est pas celui qui écrase les autres pour se grandir et se sentir fort. Il a déjà pris la tangente, le vrai boss. Il a empoigné le taureau par les cornes, rempli ses poches de savoir, regardé plus loin que le bout de son quartier et s'est tiré. Le voilà le vrai boss. Vous n'irez nulle part à jouer les cadors de banlieue. Autant vous le dire, d'ailleurs : le rôle ne vous correspond pas. Vous êtes carapacés en dehors mais guimauve à l'intérieur. Maintes fois votre sensibilité, vos larmes aux yeux, vos petites voix ont envahi la classe. Maintes fois la douceur et le besoin d'attention ont débordé de vous. Et puisque votre intelligence n'a aucun écart avec celle des autres, il est temps de travailler maintenant, réfléchir et choisir qui vous décidez d'être. Ainsi, après votre magistrale prestation dans la cour, il ne sera pas question de se contenter de simples excuses. S'il y a des écoles où la sanction est exclusion, convocation, privation, ici elle sera réflexion, réaction, prise de conscience. Voilà comment, sur le temps de midi, vous vous retrouvez tous les quatre

2. Pédagogue brésilien.

à lire, échanger et penser autour de la question de la responsabilité. D'emblée, toi Keenan, tu annonces que tu n'es pas responsable de ce que tu as fait. « C'est l'environnement, dis-tu, à force, on fait pareil. » Puis : « C'est la faute aux parents. » Dans tous les cas, il n'y a rien à se reprocher, selon vous. Les questions s'enchaînent, la réflexion s'étoffe : « Est-ce que je perds ma responsabilité personnelle quand je me retrouve en groupe ? »

Tu l'affirmes, Kenzo : « On peut être qui on veut, on peut être soi-même, on n'est pas obligé d'être comme les autres. » C'est ce que tu dis. Pourtant, comme les autres tu as suivi le groupe et t'es laissé aller à la violence.

Au moment où les questions s'orientent sur la liberté de choisir, au moment aussi où les idées tournent en rond, il est décidé que, lors de la prochaine séance, nous confronterons deux points de vue, textes à l'appui.

« Est-ce que je suis obligé de rester comme je suis ? Est-ce que je peux changer ? » Ainsi démarre la session suivante. Et, pour creuser davantage, deux discours sont proposés. La thèse de Pierre Bourdieu sur le poids de l'héritage social d'un côté et le texte *Banlieusards* du rappeur Kery James de l'autre. Vous voilà tous les quatre en train de lire, silencieusement. Avec ton stabilo, David, tu surlignes cette phrase parce que, dis-tu, tu l'aimes bien : « Je suis le capitaine dans le bateau de mes efforts. » Du reste, Pierre Bourdieu te met presque en colère. Son histoire de destin prédéterminé ne te plaît pas. Vous quatre l'affirmez : « On n'est pas obligés d'être comme les gens du quartier, on peut devenir ce qu'on choisit. » Vous vous ralliez à Kery James, confirmez qu'on n'est pas condamné à l'échec, que la vie est un combat. Vous parlez et on ne vous arrête plus. Mais le plus dur reste à venir. Les paroles ne sont que paroles. Puisque vous affirmez haut et fort qu'il est possible de changer, être qui on veut, ne pas se laisser soumettre à une force qui nous guide dans un sens qu'on ne choisit pas, reste à le prouver, en actes. Pour notre prochain rendez-vous, il vous est demandé de faire quelque chose, ce que vous voulez mais quelque chose qui prouve que vous êtes prêts à changer.

Ce jour-là, Keenan, tu arrives penaud. Ta mère a refusé ta demande de confier à l'école ta console de jeux, dans un placard, pour ne plus y toucher. Kay-Tony, Kenzo, vous arrivez presque les mains dans les poches. « Aucune idée », dites-vous, rien à proposer. Et puis toi, David, tu arrives avec cette lettre.

« Cher pierre Bourdieu,

Tu n'as eu raison de moi que deux trois jours. Maintenant que j'ai repris le contrôle de moi-même je vais te prouver que tu as tout faux sur le déterminisme. Tu crois que je suis soumis à une fatalité tu te trompes. On a tous sa chance de réussir. C'est pas parce que tu dis qu'on peut pas réussir qu'on réussira pas. C'est moi le capitaine de moi-même alors quand tu sais pas des choses sur moi tu ne dis pas ce que tu ne sait pas. Kery James je suis à ses côtés, je suis dans son camp et pas dans le tien parce que dans le tien je serai traités comme quelqu'un soumis à la fatalité et je ne veux pas être un lâche. Je suis un battant et je ne serai plus jamais un lâche. Je ne suivrai pas les autres dans leur chemin. J'irai dans mon propre chemin. Et je serais moi-même. Je suis libre. J'habite à Bagneux, dans un quartier déterminé. Je vais te dire ce que j'ai fait hier. J'ai supplié ma mère pour une carte de Bibliothèque. Elle a accepté et mon rêve c'est de faire de la poésie parce que jaime. C'est pas le déterminisme qui va briser mon rêve. Je lis des livres. Bien sûr que je peux te les raconter. Et je m'appelle david B. tout ce que j'ai écrit ça vient de mon cœur. »

Après avoir lu ton courrier, le maître de la classe à côté t'a offert un stylo plume dans un étui. Il t'a dit de continuer d'écrire. Ta maman, qui avait accepté de t'inscrire à la bibliothèque, ne t'y a finalement jamais accompagné. Il nous rattrape, souvent, le déterminisme. Même quand, comme toi, on est décidé à en découdre avec lui. Il rôde, toujours. Alors, pour te soutenir dans ta détermination, un soir après l'école, c'est tous les deux qu'on prend le chemin de la bibliothèque. Tu l'auras ta carte et tu les emprunteras ces livres. Lis, David, ne t'arrête pas. Écris aussi. Et si la vie te met des embûches, rappelle-toi ce que tu disais toi-même : on a tous sa chance de réussir. À toi d'aller la décrocher.

Cher pierre Bourdieu,

Tu n'as eu raison de moi que deux trois jours. Maintenant que j'ai repris le contrôle de moi-même je vais te prouver que tu as tout faux sur le déterminisme. Tu crois que je suis soumis à une fatalité tu te trompes. On a tous sa chance de réussir. C'est pas parce que tu dis qu'on peut pas réussir qu'on réussira pas. C'est moi le capitaine de moi-même alors quand tu sais pas des choses sur moi tu ne dis pas ce que tu ne sait pas. Kery James je suis à ses côtés, je suis dans son camp et pas dans le tien parce que dans le tien je serai traités comme quelqu'un soumis à la fatalité et je ne veux pas être un lâche. Je suis un battant et je ne serai plus jamais un lâche. Je ne suivrai pas les autres dans leur chemin. J'irai dans mon propre chemin. Et je serais moi-même. Je suis libre J'habite à Bagneux, [redacted] dans un quartier déterminé. Je vais te dire ce que j'ai fait hier. J'ai supplié ma mère pour une carte de Bibliothèque. Elle a accepté et mon rêve c'est de faire de la poésie parce que j'aime. C'est pas le déterminisme qui va briser mon rêve. Je lis des livres Bien sûr que je peux te les raconter. Et je m'appelle david B[redacted]. Tout ce que j'ai écrit ça vient de mon coeur.

L'intérêt de monter sur scène

Isabelle Niveau [1]

Adepte de la pédagogie fondée sur des projets et convaincue de la puissance de l'art, Isabelle Niveau témoigne du travail qu'elle mène depuis plus de vingt ans avec des collégiens et des lycéens de Kourou. En faisant l'expérience du jeu devant un public sur un temps long, ceux-ci acquièrent une confiance et une fierté nouvelles.

« Ma mère continue à dire que j'ai fait la Sorbonne... mais elle me soutient depuis le début ! », s'amuse Rose Martine, comédienne et metteuse en scène originaire de Guyane qui est sortie diplômée non de cette université mais du Conservatoire national d'art dramatique de Paris. L'une ou l'autre institution, après tout, qu'importe : toutes deux sont des fiertés nationales, des temples de savoirs et de culture. Et donner de la fierté à un jeune et à sa famille, c'est bien l'un des enjeux de l'école. De même qu'accompagner les parcours et faire éclore les potentiels.

Comment permettre à chaque jeune de trouver une parole authentique et de s'engager dans son processus d'émancipation ? Faire du théâtre, c'est d'abord se rassembler, s'écouter et

1. Isabelle Niveau a enseigné les lettres et le théâtre à Kourou, en collège et en lycée depuis 1996. Elle a créé une spécialité théâtre au lycée Monnerville de Kourou. Elle est déléguée académique à l'action culturelle (DAAC) au rectorat de Guyane et IA-IPR de lettres en Guyane. Elle assume aussi la direction artistique de l'association Le Théâtre de l'Entonnoir qui s'occupe notamment d'émancipation par la création. Ce texte a été publié dans *L'École des lettres* le 6 avril 2022.

apprendre à travailler ensemble. Passer sur scène, c'est affronter le regard, assumer une voix et un corps. La représentation est un acte social, qui donne sens au travail préalable : comprendre un texte ou l'écrire, lui donner forme pour le faire entendre, le questionner, accepter de se tromper, recommencer, répéter, être critiqué, reprendre, assumer sa proposition...

Depuis 2000, j'engage des jeunes dans un programme théâtre à Kourou, en Guyane française. J'y interviens dans un cadre professionnel mais aussi associatif, car les deux démarches me paraissent intimement liées, et que les temps scolaire et extrascolaire sont complémentaires et devraient davantage s'enrichir mutuellement. Mon objectif : proposer des projets suffisamment forts pour « embarquer » des jeunes dans des processus de création exigeants qui les révèlent à eux-mêmes et aux autres, et qui peuvent aussi changer le regard de leurs familles sur eux.

Vacances au collège

Un lundi, 9 heures, pendant les vacances de la Toussaint 2021, gymnase du collège Agarande à Kourou. Les vélos affluent. Âgés de 12 à 25 ans, issus des différents collèges et lycées de la ville, ils arrivent en short et tongs ou baskets. Certains viennent avec leur petit frère qu'ils gardent. D'autres ont apporté un ballon de basket... Ils ajustent un masque, prennent du gel et se mettent en cercle à la demande de la metteuse en scène Garance Valet. Ils sont plus de quatre-vingts.

C'est leur premier jour de vacances, que font-ils au collège ? L'équipe artistique donne le ton : « Ici, ce n'est pas un club de vacances mais un engagement fort qui va vous occuper les sept prochaines semaines : six heures par jour pendant les deux semaines de vacances, du lundi matin au samedi midi ; puis tous les soirs, le mercredi après-midi et les samedis matin dès la reprise des cours, pendant cinq semaines. C'est du sérieux ! On crée un spectacle qui donne la parole aux jeunes. Le thème : la place des réseaux sociaux et leur impact sur notre vie. »

Johmerrena, Larra, Béandrice, Thamar sont les premières. Elles sont élèves en terminale, en spécialité théâtre, humanité, littérature et philosophie, histoire-géographie, géopolitique et sciences politiques... Elles veulent devenir artistes et ce programme théâtre les a « happées » dès la seconde. C'est un moment important pour elles : elles y ont trouvé le sens de l'écriture et de l'engagement, ont osé s'exprimer, chanter, danser, se révolter, mettre des mots sur les injustices, analyser le monde, revendiquer leurs idées. Elles ont même créé une petite troupe de six de leur côté.

Arrivent Basile, Louise et Eli, qui discutaient tout le temps l'an dernier et perturbaient le groupe. Que de fois il a fallu leur rappeler les enjeux de cet atelier ! Vient Alix, qui était dans le dispositif il y a dix ans comme Rose. Lui, c'était le dur du quartier, celui qui faisait peur. Il est aujourd'hui accompagné d'une adolescente, Gloria, 13 ans, sa fille : « Je l'emmène ici pour qu'elle vive, lâche-t-il. Elle commence à faire des bêtises. Moi, ce programme m'a sauvé. »

C'est ensuite le tour de Jamina. Elle avait fait du théâtre avec nous au collège, puis avait tout abandonné pendant trois ans, accaparée par son église qui juge les gens de théâtre diaboliques... Elle se glisse dans mes bras, en larmes, et me dit : « Je suis là, j'ai compris. »

Alix, aujourd'hui ambulancier, qui élève seul sa fille, voit le théâtre comme un vecteur de citoyenneté. Jamina, qui a retrouvé le chemin de la parole sans tabou. Basile, qui s'investit. Intenses émotions.

Faire tourner les ateliers

Grazielli et Malia, 15 ans, prennent la parole. Elles confient à quel point elles sont dépendantes des réseaux sociaux et racontent les agressions qu'elles y subissent : propositions sexuelles, harcèlements... Récits et débats fusent. Certains partent avec Valérie Glo créer une chorégraphie sur le piège des algorithmes, d'autres vont s'enfermer dans une salle de cours pour écrire des textes avec Assia Ouadi, d'autres encore préfèrent poursuivre les échanges avec Garance : « Faut-il contrôler les réseaux sociaux, les laisser tomber ? En sommes-nous capables ? » Un groupe décide avec Lorie Joy Ramanaidou de lister toutes les insultes et les félicitations qu'on y reçoit : « Quels mots ? Quels émoticônes ? Qu'est-ce qui les a le plus blessés ? Ou leur a fait le plus plaisir ? » Peterson Joseph a pris un groupe en théâtre forum, Pascal Durozier un autre en improvisation : ils se lancent directement dans le jeu. Ensuite, les ateliers tournent.

À 16 h 30, au moment du bilan de la journée, les discussions se poursuivent, les premiers temps de restitution émergent. Ils seront là demain, et les jours suivants. Alix amène sa fille chaque matin... heureux et confiant. Béandrice raconte à quel point elle lutte pour venir, car sa famille a peur du théâtre et de la liberté de parole qui y règne. Larra explique que ses parents ont été tellement émus et fiers lors de la représentation de l'an passé qu'ils la laissent complètement s'investir cette année. Thamar, qui n'a ni famille, ni papier, ni argent s'accroche : elle aime la littérature et lit beaucoup, elle écrit et slame, elle joue avec les mots.

Le théâtre s'impose comme un lieu d'exploration. Thamar et Larra décident qu'elles vont défendre une vie sans réseaux : elles provoquent leurs camarades, se font bousculer par la masse puis prennent le pouvoir et forcent l'admiration. Chacun reconnaît qu'elles ont raison, que leur usage des réseaux sociaux est souvent futile, parfois malsain, et que chacun est à la fois agresseur et agressé. Garance décide de passer des paroles aux actes : lors du programme théâtre, on pose son téléphone dans la journée, et on apprend à gérer les temps consacrés aux réseaux. Certains resquillent, mais beaucoup jouent le jeu. Et le travail avance.

Au terme des sept semaines, dix représentations sont données devant les collégiens, les lycéens, les familles, les quartiers. Chacun prend confiance, ose, et même s'amuse sur scène.

La force du dispositif

Après le dispositif théâtre, les parcours se construisent, les jeunes deviennent plus exigeants envers eux-mêmes et l'institution. Certains mettent plus de temps que d'autres, mais tous évoluent. Béandrice, Larra et Jomereehna se retrouvent avec Rose au ministère des Outre-mer pour expliquer leur projet d'études de théâtre en métropole et la nécessité d'une politique publique leur permettant de réaliser cet objectif. Elles parlent de Thamar, Cœur-Vens et Peterson qui n'ont pu faire le voyage, faute de papiers, malgré leur grand talent et leur motivation hors du commun.

Ce n'est pas moi qui parle d'une nécessaire politique pour la jeunesse, d'un service public de l'éducation artistique et culturelle dans les classes, de l'urgence de briser les stéréotypes sur les jeunes des Outre-mer ou des quartiers... Ce sont eux, ces jeunes que l'on appelle « issus des quartiers prioritaires ». Ils le disent avec une sincérité et une force que je n'aurais pas eue. Ils ont pris leur destin en main.

Inégalités scolaires : peut-on faire semblant de ne pas voir ce qui se passe en dehors de la classe ?

Lauren·t Clavier et Camille Taillefer [1]

Dans un lycée de Saint-Denis, des élèves réalisent une étude sociologique sur les conditions du confinement.

En temps de confinement lié à l'épidémie de Covid-19, les inégalités sociales devant le travail scolaire sont apparues criantes. Enseignant en Seine-Saint-Denis depuis longtemps, nous ne les découvrons pas. Pour continuer d'outiller nos élèves, et leur proposer une activité qui tienne compte des situations réelles dans lesquelles elles avaient à travailler [2], nous leur avons proposé de participer à la conception et à la réalisation d'une étude sociologique sur les conditions du confinement.

Une quinzaine d'entre elles, de la seconde à la terminale, s'en sont emparées. Elles ont conduit des entretiens, tenu un carnet de terrain et parfois aussi un journal, plus personnel, de confinement. Elles ont participé à un séminaire de réflexion hebdomadaire, à côté de chercheur·se·s et d'étudiantes.

Ce projet permet d'éclairer les conditions de production des travaux scolaires. Car, souvent, on évalue en classe des résultats,

---

1. Lauren·t Clavier et Camille Taillefer sont toutes deux professeures d'histoire-géographie en lycée à Saint-Denis. Une première version de ce texte a été publiée dans *Le Monde* le 2 juin 2020.

2. La presque totalité des participant·e·s à ce projet se reconnaissant dans le genre féminin, nous utiliserons ce genre pour faire référence à ce groupe.

parfois des démarches, mais en limitant l'observation à l'enceinte scolaire, à la classe, croyant que si l'on offre ainsi « les mêmes conditions de travail » à tou·te·s, la notation sera juste. Ce faisant, on n'évalue qu'une petite part du travail de l'élève.

Confrontation au réel

« Mardi 24 mars. Hier j'ai commencé mon EC2 [étude de documents en SES] que je dois finir aujourd'hui, écrit Salma dans son journal de confinement. Mais je n'ai toujours pas fini le devoir d'éco appliquée, il me casse les pieds, bref... J'aime bien mon étude de documents mais j'ai la flemme d'écrire. J'ai aussi fait mon contrôle de maths de 13 heures à 17 heures. C'est pour cela que j'ai pas touché l'histoire-géo. J'ai pas fait l'exo 2, je le ferai dans la semaine. Je vais voir si ma petite sœur a fini avec l'ordi et je finis mon EC2 puis je commence [le reste]. »

Comme le montre Salma dans son journal, pour beaucoup d'adolescent·e·s, de parents et d'enseignant·e·s, le travail a marqué la période de Covid dont nous sortons. Travailler pour « suppléer à ce qui n'a pas été prévu, aux insuffisances et aux contradictions dans les consignes, les modes opératoires ou le système technique », autrement dit, à ce qui était « requis par la confrontation au réel », écrivaient en 1994 les sociologues Christophe Dejours et Pascale Molinier dans *Le Travail comme énigme*.

Ce réel constitue aussi le quotidien de nos élèves. « Il y a des gens dans ma classe qui n'ont pas d'ordi (je me demande comment ils font avec Parcoursup). C'est galère. [...] Lorsque j'ai envie de travailler, je sors, je vais à la bibliothèque et je laisse le bureau pour ma petite sœur et elle laisse la table à manger pour les plus petites, mais là, non. On me laisse le bureau, et la pauvre a les petites avec elle à la salle », écrit Salma, qui dispose d'un ordinateur. Kenza n'a qu'un téléphone portable ; à Nerupa, la région Ile-de-France a prêté une tablette, mais la connexion est établie grâce au téléphone de son grand frère...

Travail d'arbitrage

Pendant le confinement, Salma, Nerupa et Kenza ont dû intégrer et hiérarchiser des contraintes de différents types. La « tâche » scolaire comporte souvent un document, une série de consignes précises, des questions balisant strictement la réflexion. Le professeur note le respect de la consigne et les réponses aux questions posées. Les grilles horaires, les procédures d'évaluation et l'usage qui en est fait nous poussent à restreindre la complexité des tâches demandées en les découpant en tâches simples évaluées à l'acte, et guidées par la recherche de la « bonne réponse ».

Pour suivre ses cours à distance et faire les exercices, Salma (et sa famille avec elle) doit arbitrer entre ses intérêts et ceux de ses sœurs, prévoir des compensations, ranger la table, obtenir le calme dans l'appartement ; anticiper et prioriser ses actions. Ces opérations appartiennent au travail « scolaire » qu'elle a effectué : « travailler consiste à juger des situations ainsi que de ses capacités à y agir », souligne la sociologue Marie-Anne Dujarier. C'est pour Salma une réalité habituelle. Le confinement en a accentué les traits. En nous faisant affronter des difficultés analogues, il nous a rendu lisible une part essentielle de son travail scolaire, que nos procédures d'évaluation écartent de leur champ.

Quand il n'y a plus de murs à la classe, tout le harnachement de consignes, de minutages maniaques, de mises en garde, de SMS d'alerte instantanée, et de « moyennes générales » dont la seule fonction est de rappeler en permanence la menace du tri et de l'exclusion sociale, se trouve remis à sa juste place. Peut-on faire semblant alors de ne pas voir ce qui se passe dehors ? Il y a là une opportunité pour les apprentissages, pour l'éducation. À condition de regarder les actions et les choix de Salma comme l'expression de savoirs et de compétences « scolaires », et de nous amener à y réfléchir, avec elle. De faire école de ce réel.

« Moi j'aimerais réussir à poser des questions de sociologue, des questions sur la société, dit Kenza après avoir mené deux entretiens d'enquête. Mais je n'y arrive pas. » En dépassant les obstacles pour mener des entretiens sur les conditions de confinement, en partageant cette interrogation dans un collectif, elle est entrée dans une démarche réflexive, et s'est mise à questionner en sociologue. Elle a pris conscience de ce qu'elle a dû surmonter. À nous de savoir nous appuyer dessus pour décontextualiser et en faire du savoir. « Je ne sais pas si c'est grâce ou si c'est à cause de l'enquête, mais ça me fait beaucoup réfléchir à moi-même... », a écrit Diane dans son carnet de terrain.

« La fiction d'une égalité sociale républicaine par l'école »

L'école au temps du confinement a montré ce qui lui manquait pour faire école : un lieu d'engagement et de rencontre des corps, un espace pour chercher et apprendre, un temps pour reconnaître et nommer. Elle nous a rappelé combien la relation éducative repose sur l'adhésion d'un public, que l'on se contente souvent de contraindre.

Elle a crûment éclairé la fiction d'une « égalité sociale républicaine par l'école » ou d'une quelconque « égalité des chances » : inégalités d'espace disponible, d'équipement numérique, de connexion, et plus encore de compétences et de temps parental mobilisables pour suppléer à l'absence physique de professeurs ? Tout cela est aujourd'hui largement documenté. Mais c'est en refusant de faire de ces constats des assignations, en renvoyant à une société ses responsabilités en termes d'inégalités, que l'école pourra sortir d'une culpabilité qui l'étouffe depuis tant d'années.

Pour valoriser le réel de nos élèves, il conviendrait de l'intégrer dans nos processus pédagogiques, de le prendre en compte comme un appui de savoir. D'en faire une opportunité cognitive, préférable à ces « handicaps » sociaux ou culturels dont on nous rebat les oreilles. Pour ces adolescent·e·s-là comme pour tou·te·s les autres ailleurs, l'entourage, le milieu, la culture et l'interconnaissance sont des atouts précieux qu'il s'agit de conforter, légitimer et valoriser. Et ainsi de libérer les habitant·e·s des quartiers populaires et leurs enseignant·e·s d'une logique de victimisation qui les éloigne toujours un peu plus de l'émancipation.

Une école de milieu populaire face à la crise sanitaire

Laaldja Mahamdi [1]

Directrice d'une école élémentaire dans le 19e arrondissement de Paris, Laaldja Mahamdi revient sur l'annonce de la fermeture des établissements scolaires en mars 2020 et les questions inédites qui se sont posées : comment garder le lien avec les élèves et les familles ? Comment mettre en place une continuité pédagogique ? Comment compenser les inégalités, notamment dans l'accès aux outils numériques ?

Le soir du 12 mars 2020, l'annonce de la fermeture des écoles est tombée sur nous comme une chape. Nos préoccupations quotidiennes ont été bouleversées. Soudain, il était question de vie ou de mort.

De l'inédit, de l'exceptionnel, du jamais-vu, qui déroutent et dérangent – de la sidération, surtout. La charge émotionnelle est intense. Les enseignants encaissent et, dans les têtes, mille questions s'entrechoquent : que dire aux enfants ? Aux familles ? Que faire ?

Directrice d'une école élémentaire dans le 19e arrondissement de Paris, je me devais pourtant de « gérer »...

1. Laaldja Mahamdi est professeure des écoles dans l'école élémentaire d'application Simon-Bolivar à Paris. Ce texte a été publié dans *L'École des lettres* le 12 février 2021.

Garder le contact dans le flot des protocoles

Dès l'annonce de la fermeture, ma principale préoccupation a été de maintenir le lien avec mes collègues et avec toutes les familles. Les tenir informés, expliquer aux parents d'élèves les décisions de l'équipe et de notre hiérarchie, être à leur écoute, répondre aux questions... Bref, informer sur la mise en place de la « continuité pédagogique ». Qu'allions-nous faire ? Comment ? À quel rythme ? Avec quels outils ? Étions-nous prêts ?

Au début du confinement, il a notamment fallu décrire comment nous allions procéder pour l'accueil des enfants des personnels prioritaires, expliquer le choix d'accepter tels ou tels enfants, mais aussi les changements d'organisation d'une semaine sur l'autre, les gestes barrières, les moyens dont nous disposions... Puis, avec le déconfinement, il a fallu expliquer les protocoles sanitaires successifs et leur mise en place dans l'école, entrer dans les détails de l'organisation des récréations, de la limitation du brassage entre les classes...

Nous nous sommes efforcés de ne pas surréagir à ce qui pouvait parfois apparaître comme une critique de certains parents, mais qui n'était que l'expression d'inquiétudes et de doutes aisément compréhensibles : « Mon fils n'a pas mis les pieds à l'école depuis un mois, c'est parfaitement injuste ! », « Comment décidez-vous qui est prioritaire ? », « Pourquoi la classe de mon fils n'a pas fait de visio ? »... Pourtant, bon gré mal gré, les familles ont accepté la situation, même si elles ne l'approuvaient pas toujours.

À titre personnel, au moment du déconfinement, mon but a toujours été de lever les angoisses des parents et, surtout, d'en convaincre certains de renvoyer leurs enfants à l'école, alors que, souvent, ces mêmes élèves étaient ceux qui se trouvaient le plus en difficulté.

Que veut dire « continuité pédagogique » ?

Parer aux urgences ne nous a pas empêchés de réfléchir à ce qu'impliquaient pour nous la « continuité pédagogique », l'absence des élèves, notre isolement en tant que « confinés », notre devoir d'accueillir les élèves des « parents prioritaires »... et l'enseignement à distance.

Pour toute l'équipe, ou presque, cet enseignement à distance était une nouveauté, autant que le vocabulaire qui l'accompagne : « distanciel », « présentiel », « ENT (espace numérique de travail) », « classe virtuelle », « visio »... Nous voulions, coûte que coûte, retrouver un semblant de classe. Tous les moyens étaient bons pour permettre aux élèves de « raccrocher les wagons » des apprentissages scolaires. Il a fallu revoir nos organisations, nos habitudes, nos routines... et faire preuve d'imagination : certains ont créé des murs virtuels sur Padlet[2], d'autres des chorégraphies. Diaporamas, films d'animation, enregistrements audio et autres supports utilisés parfois de manière anecdotique dans les classes ont tous trouvé leur place dans l'enseignement à distance.

Mais ces initiatives supposaient que les familles disposent d'un équipement informatique et d'une connexion à Internet. Pas d'ordinateur ? Pas de connexion ? Pas d'accès au savoir ! Dans notre établissement, la solution est passée par le téléphone, avant tout parce qu'il est un moyen simple, et accessible à tous, de se parler, un outil ordinaire du lien social qui, contrairement à l'ordinateur, ne crée pas de rupture culturelle dans la maîtrise technique.

Vulnérabilité numérique

Répondre à des questions techniques sur une organisation ou un protocole, nous y sommes plus ou moins bien parvenus. Mais il est des questions auxquelles nous n'avons pu répondre, des explications que nous n'avons pu donner.

On ne peut pas expliquer à un enfant pourquoi il est obligé de vivre dans des conditions précaires, pourquoi l'appartement est tout petit, pourquoi sa maman n'a pas d'argent pour les courses,

2. Application en ligne qui propose la création de « murs » virtuels collaboratifs regroupant des images, du texte, des sons...

pourquoi il n'a pas de tablette pour faire classe à la maison, pourquoi maman pleure, pourquoi tout le monde crie... Aucun enfant ne devrait avoir à poser ces questions-là.

Ni mes collègues ni moi n'avions prévu d'être à ce point submergés par les difficultés sociales et familiales qu'ont rencontrées quelques-uns de nos élèves. Nous les connaissions, ces difficultés, en partie du moins, mais le confinement nous a fait entrer malgré nous dans l'intimité de certaines familles et nous a confrontés aux réalités brutes de la pauvreté. Il est vrai que nous avons eu des bonheurs, pendant cette période, comme la naissance de deux petits garçons dans une famille, mais nous avons aussi connu de grandes inquiétudes. Sophie, enseignante de CE1, s'est beaucoup investie pour Hena, car sa famille n'avait pas les moyens de lui faire suivre les classes virtuelles. Qu'à cela ne tienne, elle lui a téléphoné pratiquement chaque jour pour la faire lire un peu, la guider dans le travail différencié qu'elle lui donnait. Au bout d'une semaine, Sophie me dit : « La famille nous lâche, la petite dort encore quand j'appelle. On ne sait pas combien de temps va durer le confinement, il faut absolument que Hena apprenne à lire ! »

Alors on s'adapte : deux heures avant l'enseignante, j'appellerai Hena pour lui servir de réveil ! Sandra, également enseignante en CE1, est en visio avec Alim tous les deux jours. Un seul écran disponible : le téléphone de sa mère. Depuis plusieurs mois, il vit avec elle dans une chambre d'un foyer d'urgence. Sandra est inquiète car la maman, enceinte, doit accoucher d'un jour à l'autre... Qui va garder Alim ? Comment sa mère et lui vont-ils supporter le confinement ? Que peut faire l'école, de si loin ? Juste trouver des relais, d'autres familles qui ont pu les aider, garder Alim, procurer des vêtements au nouveau-né...

La mère de Vinari, neuf ans, s'est retrouvée à la rue avant le confinement. Avec ses trois enfants, elle a dormi pendant trois nuits dans le hall d'un hôpital parisien. Trois nuits avant que nous ne le découvrions. Trois longues nuits de stress avant que l'équipe pédagogique ne sollicite les services sociaux, ne l'aide à s'organiser dans les démarches, à remplir les nombreux documents. La famille a été placée dans un foyer d'urgence en décembre 2019... et confinée presque trois mois plus tard. Le confinement a été pour elle une angoisse quotidienne. Dans la toute petite pièce du foyer, il n'y a ni frigo, ni micro-ondes, ni machine à laver ; mais les souris, elles, sont bien là et font peur aux enfants.

« On est enfermés, c'est sale, me confie la mère. Je pète les plombs. » Plus de travail, plus d'adulte à qui parler, plus de possibilité de faire des courses car rien pour imprimer les autorisations de déplacement. Toutes ces angoisses nous sont livrées à Tina, l'enseignante de Vinari, et à moi. « On ne peut pas la laisser tomber, il faut qu'on trouve des solutions », me dit ma collègue. Mais, des solutions, nous n'en avons guère. Nous décidons de l'appeler à tour de rôle et nous concentrons sur le matériel, qu'elle viendra récupérer à l'école. Nous trouvons des jouets, des vêtements, de la nourriture, un téléviseur, un téléphone. Mais tout cela n'atténue pas la peur et ne règle ni la promiscuité, ni le mal-logement. La charge émotionnelle est trop forte : un week-end, je passe mon tour, je n'appelle pas. Le lundi, Tina me téléphone : « Elle veut te parler, c'est urgent. Il faut que tu la rappelles. » Je le fais immédiatement. « Il faut parler aux enfants, madame la directrice. Il faut dire à mon fils d'arrêter de taper sa tête contre le mur. » Derrière elle, j'entends les enfants jouer ou pleurer.

Comme beaucoup l'ont constaté et comme nous l'avons nous-mêmes vécu à travers nos élèves, le confinement a exacerbé toutes les facettes des inégalités : précarité du logement, promiscuité, manque d'argent, de nourriture, d'activité physique et intellectuelle... Il a également confirmé que l'absence de connexion Internet, d'ordinateur ou de tablette dans les familles est devenue un marqueur de vulnérabilité, de désaffiliation sociale et de « discrimination négative », pour reprendre quelques-unes des notions proposées par le sociologue Robert Castel.

Faut-il parler de « leçons » du confinement ? Sans doute. À notre niveau, nous avons perçu et ressenti plus que jamais la sape de notre travail qu'opère, à bas bruit, le mal-vivre de certaines familles. Pourtant, ce mal-vivre qui, en temps ordinaire, tend parfois à se faire oublier, n'est pas un « dommage collatéral » de notre fonctionnement social, mais plutôt l'un de ses moteurs cachés. N'inversons donc pas les priorités : toutes les techniques numériques de l'enseignement à distance, auréolées de leur flatteuse réputation de modernité, même si elles ne sont évidemment pas à rejeter, ne sauraient ni masquer ni faire oublier la priorité à donner au social. C'est un impératif qui s'impose à tous.

La Maison des sciences de la Butte-Rouge : une utopie ?

Fabrice Krot [1]

Née dans les années 1930 d'une utopie de cité-jardin, la Butte-Rouge à Châtenay-Malabry a été classée zone d'éducation prioritaire en 1999. Trop peu d'enseignants y pratiquaient les sciences : Fabrice Krot, instituteur, a lancé la création d'une Maison des sciences en 2001. Cela a modifié les regards et les choix d'orientation.

La Butte-Rouge, à Châtenay-Malabry, est un quartier populaire de la banlieue parisienne construit dans les années 1930 sur la base d'une utopie anglaise du XIXe siècle, la cité-jardin : installer la ville à la campagne ! Conçue par une équipe d'urbanistes, de paysagistes et d'architectes, elle accueille ses premiers habitants autour de 1937. Des ouvriers parisiens, agents de maîtrise et ingénieurs se mélangent à proximité – relative – des sites des usines de Villacoublay et Billancourt, dans de petits immeubles composés d'appartements, certes petits, mais disposant d'un confort tout à fait moderne pour l'époque (salle d'eau avec douche, W.-C, eau courante et chaude), en opposition avec l'insalubrité des logements parisiens. Et tout ça dans un air pur, bien plus pur que celui du Paris de l'époque.

1. Fabrice Krot a été enseignant, coordinateur ZEP (zone d'éducation prioritaire) et conseiller pédagogique à Châtenay-Malabry. Il y a créé la Maison des Sciences de Châtenay-Malabry. Cet article a été publié dans *L'École des lettres* le 31 octobre 2019.

Au tournant des années 1970 et surtout 1980, la crise aidant, la banlieue parisienne se transforme : certaines communes font le ménage en détruisant leurs quartiers populaires, en chassant leur population pauvre au profit d'une population aisée qui accède à la propriété et qui, par la même occasion, assure *ad vitam* la réélection des maires. Les populations chassées vont, grâce à la complicité de l'office HLM, remplir les villes qui n'appliquent pas cette politique ; c'est ainsi que se sont créés de véritables concentrés de populations fragiles – comme des ghettos, peut-être –, où le chômage est devenu endémique.

C'est ici que je me retrouve au milieu des années 1980, par choix, instituteur dans une des trois écoles élémentaires du quartier que je connais bien puisque j'y ai grandi.

À l'époque, l'organisation scolaire était extrêmement cloisonnée : pas ou peu d'échanges maternelle-élémentaire, encore moins école-collège, et ne parlons pas du lycée : un monde à part. Or, plusieurs études montrent qu'une des caractéristiques de l'échec scolaire, c'est de se nouer sur des mauvaises transitions : passage école-collège, passage collège-lycée, et même passage lycée-enseignement supérieur. C'est toujours dans ces moments cruciaux de leur scolarité que les élèves issus des quartiers populaires peuvent s'effondrer et doivent donc être soutenus.

Au début des années 1990, face aux difficultés croissantes dans l'exercice de leur métier, pas mal d'enseignants réclament un classement ZEP[2] qui n'aboutit pas.

À partir de 1997, ils sont de plus en plus nombreux à éprouver des difficultés nouvelles à exercer. Avec quelques collègues des 1er et 2nd degrés, nous créons un groupe de réflexion et d'échanges afin de recueillir la parole des enseignants dans lequel interviennent des spécialistes : sociologues, chercheurs, pédagogues, ethnologues, psychologues...

2. Les zones d'éducation prioritaire datent de 1981. La seconde vague aura lieu en 1992.

Ce groupe, appelé Akanlazep, est assez mal vu par la hiérarchie de l'Éducation nationale qui nous fait comprendre qu'il serait bon d'y mettre un terme, n'ayant rien de légitime ni d'officiel.

Néanmoins, ce groupe grossit et s'enrichit notamment d'un principal de collège qui en comprend tout l'intérêt : ce sont ces travaux qui donneront naissance au dossier de classement ZEP qui aboutira en 1999.

Je suis alors nommé coordonnateur des deux réseaux d'éducation prioritaire de la cité : j'avais souhaité qu'il y ait un unique poste à temps plein permettant de coordonner les deux REP, les problématiques étant strictement identiques dans les différents secteurs du quartier.

Afin de mieux cerner les besoins et les difficultés des réseaux, je lance une enquête auprès de tous les enseignants du secteur : elle met en évidence certains problèmes structurels, pédagogiques, culturels... Au milieu de ce « catalogue », il en est un qui me frappe particulièrement : l'enseignement des sciences.

Moins de 5 % des enseignants du premier degré font des sciences

D'après cette enquête menée dans le premier degré, moins de 5 % des enseignants indiquent pratiquer les sciences conformément aux horaires. Beaucoup déclarent ne pas du tout les pratiquer, et personne ne parle de pratique active : la seule pratique semble être la lecture d'une page de manuel, « de temps en temps ».

À la maternelle, les sciences sont totalement absentes. Au collège, les enseignements sont faits par spécialité, il y a donc un enseignement des sciences (physique, chimie, SVT, technologie) conforme aux horaires et aux programmes. Même situation au lycée. Mais c'est un autre critère qui retient mon attention : on ne retrouve en terminale S (dénomination de la filière scientifique de l'époque) que trois élèves issus de nos deux collèges en ZEP, soit une cohorte d'environ cent élèves.

En fait, la publication de cette enquête a mis en évidence auprès des collègues le fait que nos élèves entrant en maternelle n'avaient que 3 % de chance d'arriver en terminale. Elle a également révélé que les pratiques pédagogiques pouvaient avoir une incidence sur la réussite des élèves dans un domaine donné (ici les sciences) : si je ne pratique pas les sciences, je ne donne aucune chance à mes élèves de réussir en sciences.

Surtout, l'enquête soulignait la persistance d'un déterminisme social : si les sciences ne sont pas plus travaillées dans les écoles de centre-ville, c'est le milieu familial qui compensera. À l'inverse, si le milieu familial ne peut pas jouer ce rôle dans nos quartiers, c'est donc bien à l'école qu'il revient de compenser par des pratiques soutenues. Quand on a interrogé les collègues sur la faible part de l'enseignement des sciences, plusieurs réponses ont été faites : peur de ne pas se sentir assez scientifique, peur de dire des bêtises, de ne pas savoir faire, ou peur d'être dépassé, débordé et de perdre le contrôle de la classe en laissant les élèves en recherche. D'autres ont insisté sur le manque de matériel pour réaliser des expériences.

Fort de ce constat[3], j'avais alors proposé quelques actions permettant aux enseignants volontaires d'engager un travail en sciences. Un partenariat fut lancé avec l'École centrale Paris et l'École supérieure d'optique autour d'interventions hebdomadaires d'étudiants dans les classes.

En septembre 2001, j'ai proposé à l'inspecteur d'académie des Hauts-de-Seine, Jean-Michel Sivirine, de créer un lieu dévolu aux sciences en plein cœur de la cité : la Maison des sciences.

La Maison des sciences

Cette maison a été pensée comme un lieu animé par un enseignant conseiller pédagogique. Elle a été ouverte officiellement en mai 2002 au cœur de la cité. Son objectif principal était la création

3. Ce constat était fait également depuis 1995 par les scientifiques Georges Charpak, Yves Quéré et Pierre Léna, qui avaient lancé cette année-là La main à la pâte (voir Georges Charpak, Pierre Léna, Yves Quéré, *L'Enfant et la Science. L'aventure de La main à la pâte*, Paris, Odile Jacob, 2005).

d'un parcours scientifique et technique de l'élève de la maternelle à la terminale, c'est-à-dire permettant de s'assurer qu'il n'y aurait pas (ou peu) de ruptures au cours de sa scolarité dans le domaine scientifique et technique, gage d'un accès réel à la connaissance.

Ceci nous a amenés à définir cinq actions indissociables : l'accompagnement des classes, la formation des enseignants, la disponibilité de la ressource matérielle et intellectuelle, le soutien aux lycéens et le développement de la culture scientifique et technique.

Bien sûr, on voit bien que tout ceci n'a de sens que, d'une part, si les enseignants ont été formés à la démarche scientifique appliquée aux enfants, et, d'autre part, s'ils acquièrent une connaissance scientifique indispensable. C'est la raison d'être des nombreuses formations que nous avons proposées tout au long de ces années, et qui ont aujourd'hui quasiment disparu en raison de la priorité donnée au lire-écrire-compter.

Tous ces efforts aboutissent au fait que de plus en plus de collégiens sont entrés au lycée général. Il convenait, par conséquent, de mettre en place des aides afin, non pas de les maintenir à flot, mais de leur permettre de réussir. C'est pourquoi nous avons, dès le début du projet, ouvert deux permanences gratuites par semaine, le soir, au cours desquelles les lycéens viennent travailler avec des étudiants de Centrale. De nombreux lycéens de la cité ont été extrêmement assidus : ils sont venus plusieurs années de suite à raison de deux séances par semaine. Résultat : ils ont obtenu leur bac S, puis sont allés à l'université. Je me souviens encore de quelques-uns venus pour se faire aider dans leurs études supérieures ! La Maison des sciences était devenue pour eux un véritable centre de ressources : nous avions gagné !

Enfin, ce qui donne du sens à tout ce qui précède, c'est de développer une culture scientifique pour tous, exigeante, rigoureuse, mais accessible. Pour cela, nous avons multiplié les actions : création de forums des sciences au cours desquels ce sont les élèves qui présentent au public leur science toute neuve, organisation de conférences mensuelles de chercheurs (140 depuis l'origine), création d'expositions-ateliers très largement diffusées, y compris à l'international[4], club scientifique en dehors du temps scolaire...

Certaines années, nous avons aussi proposé des ateliers dans les centres sociaux à destination des parents de nos élèves, des vacances scientifiques pour un groupe de collégiens au cours de l'été, des ateliers de sciences de rue (une table, un peu de matériel et des expériences au pied des tours avec les gens qui passent !). À partir de 2006, La Maison des sciences a intégré le réseau des centres pilotes La main à la pâte.

Croire en l'éducabilité de tous

Ce que je retiens de ces vingt ans de travail autour des questions d'éducation prioritaire et de sciences, c'est avant tout la ferme conviction qu'il faut croire en l'éducabilité de tous ! Mieux encore, si l'on fait bouger les lignes, tous les élèves peuvent réussir. Il faut l'affirmer haut et fort. Ce n'est qu'une question de moyens, principalement humains : si on leur en donne les moyens et qu'on a confiance en leurs capacités, les enseignants sont les mieux placés pour faire réussir tous les élèves.

Des enseignants très rétifs sont devenus assidus à la pratique des sciences : ils ont découvert que, finalement, ce n'était pas si compliqué et que, par exemple, mettre simplement les enfants en observation de la nature avec une petite loupe à main, c'était déjà faire des sciences ! On ne leur avait jamais dit... D'autres abordent chaque année des thèmes nouveaux et difficiles, ils expérimentent... L'un a confié : « Ça a modifié ma manière d'enseigner, je laisse plus de latitude aux élèves dans leur recherche, et ce, dans d'autres matières que les sciences. »

Pour les élèves, s'il est difficile de dire avec précision ce qui a changé, on peut néanmoins retenir quelques critères : les

4. L'exposition-atelier « Les leçons de Marie Curie » est disponible en téléchargement dans 26 langues.

professeurs de collège ont remarqué une amélioration à l'arrivée en sixième en termes de connaissances et surtout dans les pratiques en classe de sciences : « Des élèves qui ont suivi des pratiques scientifiques pendant trois, quatre ou cinq ans à l'école arrivent chez nous avec une attitude complètement différente. Ils ont non seulement des connaissances, mais savent comment aborder une situation nouvelle et inconnue. »

Autre point important : on retrouve beaucoup de nos collégiens dans les filières scientifiques au lycée. En somme, on ne les distingue plus de ceux du « centre-ville » dans le recrutement. Ce qui prouve que le déterminisme social n'est pas une fatalité : le combattre est un vrai travail collectif.

Un autre aspect, et non des moindres, est l'impact sur les étudiants des grandes écoles : issus pour la plupart de milieux très privilégiés (mais pas tous), ils se distinguent par une très grande facilité dans les études. C'est normal, ils ont été sélectionnés pour ça ! Ils ne savent pas ce qu'est l'échec scolaire. Alors, placés au sein de classes réputées difficiles, ils sont pour le moins déstabilisés et même, pour certains, rencontrent l'échec... qui ne dure pas, puisque nous sommes là avec l'enseignant qui les accueille pour les aider. Tous, au terme de l'expérience qui dure entre six mois et un an, disent avoir été transformés et que leur regard sur des publics réputés difficiles a changé.

Pour conclure, je dirais que la finalité de tout ce dispositif est de faire des élèves des citoyens – même en herbe – libres, au sens où l'entendait Condorcet : une école qui contribue par l'exercice de la raison et des savoirs généraux et abstraits à tendre vers l'universel. C'est ce que nous avons toujours cherché : n'admettre aucune vérité révélée, mais toujours développer l'esprit critique.

3.

Parce que les « concurrences mémorielles » n'ont rien d'une évidence

Une antienne envahit l'espace médiatique, les discussions professionnelles et les débats publics : le récit commun, une histoire commune, ne pourraient plus se dire à l'école. Prise dans le trop-plein de revendications identitaires et religieuses, voire islamistes et antisémites, l'école en désarroi ne parviendrait plus à enseigner certaines questions dites « trop vives ». Au premier rang desquelles, la Shoah. Depuis plus de vingt ans, le discours s'étoffe et prétend à l'impossibilité de dire le « nous » national, de dépasser la concurrence des mémoires, la difficulté d'enseigner des chapitres comme la guerre d'Algérie ou encore la question coloniale.

Les articles qui suivent démentent largement ce constat comme si, du reste, la place de l'enseignement de l'histoire à l'école avait toujours été le lieu d'un long fleuve serein et pacifié. Que disent ces auteurs ? Que le récit commun est possible, à condition d'y répondre par des cours ou des productions pédagogiques qui s'appuient sur des contenus scientifiques rigoureux, renouvelés et vérifiables, face auxquels les stéréotypes que pourraient véhiculer les élèves ne résistent pas longtemps. Au fond, et c'est le cas parfois, il faut savoir entendre des mémoires blessées [1], issues d'un passé qui a toujours du mal à passer. Il faut parfois

1. Charles Heimberg, *Mémoires blessées*, Genève, MétisPresses, 2012.

savoir accepter que l'histoire et la voix des vaincus puissent être formulées et entendues pour les intégrer au récit national.

Enseigner la complexité des héritages est non seulement indispensable, mais également possible.

Enseigner la Shoah : le projet « Convoi 77 », « Apprenez à comprendre au lieu de chercher à haïr »

Clément Huguet [1]

À l'occasion de la Journée de la mémoire des génocides et de la prévention des crimes contre l'humanité, le 27 janvier, Clément Huguet, professeur d'histoire-géographie, témoigne, dans une tribune du journal Le Monde, *du projet pédagogique mis en place au collège Michel-Richard-Delalande d'Athis-Mons (Essonne) autour des déportés du convoi 77.*

Enseigner l'histoire de la Shoah et transmettre sa mémoire à l'école est-il devenu impossible ? Cette question refait régulièrement surface et manque rarement d'être posée en direction des collèges et lycées de banlieue classés en réseau d'éducation prioritaire (REP). En effet, dans les débats qui agitent la société française, ces établissements ont parfois la réputation d'être des lieux dans lesquels cet enseignement serait difficile, voire impossible, comme l'accrédite pour certains un sondage de l'Ifop, consacré aux contestations d'enseignement [2].

---

1. Clément Huguet est professeur d'histoire-géographie au collège Michel-Richard-Delalande à Athis-Mons. Ce texte a été publié dans *Le Monde* le 26 janvier 2021.

2. Étude Ifop pour la Fondation Jean-Jaurès et *Charlie Hebdo* réalisée par questionnaire auto-administré en ligne du 10 au 17 décembre 2020 auprès d'un échantillon de 801 personnes, représentatif des enseignants des premier et second degrés en France métropolitaine.

Cette essentialisation de la banlieue, en plus de stigmatiser *a priori* les élèves concernés, remet également en cause de manière insidieuse la capacité de l'école à transmettre l'histoire de la Shoah et à favoriser l'émergence d'un socle commun s'appuyant sur le refus inconditionnel de la négation d'autrui et la lutte contre les préjugés racistes.

À l'occasion de la Journée de la mémoire des génocides et de la prévention des crimes contre l'humanité, le 27 janvier, il est important de rappeler que le fatalisme en la matière n'est pas une option. Partout en France, des initiatives pédagogiques innovantes fleurissent et se développent pour tenter de répondre à cet enjeu qui, fondamental pour notre société, est tout à la fois éducatif, civique et mémoriel.

Ainsi, au collège Michel-Richard-Delalande d'Athis-Mons (Essonne), classé en REP, un projet pédagogique s'adresse chaque année, depuis quatre ans, à des élèves de troisième, et leur propose de conduire une enquête historique, puis de rédiger les biographies de déportés du convoi numéro 77. Parti de Drancy, en Seine-Saint-Denis, pour le centre de mise à mort d'Auschwitz-Birkenau, en Pologne, le 31 juillet 1944, ce convoi a envoyé 1 310 personnes vers l'enfer des camps nazis.

Travailler sur la confiance en soi

Les élèves se plongent dans ces vies brisées et cherchent à reconstituer les parcours des déportés sur lesquels ils travaillent en s'attachant à retracer leur itinéraire avant la Shoah, afin de ne pas les réduire au statut de victimes du génocide. Pour cela, ils s'appuient sur diverses archives qu'ils étudient, questionnent, confrontent. Ils auditionnent aussi des témoins, dans le cadre d'une véritable enquête historique.

Il s'agit ensuite pour eux de rédiger les biographies, afin qu'elles soient publiées et imprimées en fin d'année scolaire au format de livres que chacun aura contribué à écrire. Lorsque les élèves prennent conscience de l'enjeu, en début d'année scolaire, les regards inquiets et dubitatifs sont nombreux : « Vous dites qu'on va devenir écrivains à la fin de l'année, mais vous pensez qu'on va y arriver ? » Incontestablement, ce projet permet aussi de travailler sur la confiance en soi, qui manque parfois cruellement à certains d'entre eux. En fin d'année, ils sont nombreux à dire que cette expérience a « changé leur vie et leur regard sur l'école ».

Dans ce collège, les élèves de 3e 4 ont ainsi rédigé la biographie de Bernard Goldstein, qui habitait à Paris et était âgé de 13 ans en 1944. Pour raconter sa vie, ils disposaient d'un certain nombre de documents administratifs, mais d'une seule photographie publiée par Serge Klarsfeld. Bernard Goldstein semble s'y tenir en position de boxeur : « Vous croyez qu'il faisait de la boxe ? Ce serait incroyable de l'apprendre ! », s'interrogeaient-ils.

Après d'intenses recherches pour la retrouver, Marie, la sœur de Bernard qui a échappé aux rafles et s'est installée aux États-Unis après la guerre, a accepté de leur apporter de précieuses informations. « Il pratiquait régulièrement la boxe et jouait aussi du violon. Il aimait l'école et était fort en calcul. » Pour eux, c'était tout à la fois « génial » et « incroyable », car ce témoignage leur permettait de mieux comprendre et donc de restituer plus justement ce qu'était la vie de ce jeune homme avant l'horreur de la Shoah. La question de l'identité était donc cruciale et, dans leur quête, les élèves ont pris conscience que la vie de Bernard était tout à la fois unique, singulière et tragique, mais aussi, à certains égards, semblable à la leur. À la fin de l'année, il était devenu leur « héros » et leur « camarade », selon leurs propres mots.

« Le pouvoir de l'écriture »

Parfois, l'enquête s'enlise et l'avancée de l'écriture s'avère difficile : « On n'a vraiment aucun moyen de savoir ce qui s'est passé ensuite ? », « Ils ont ressenti quoi à ce moment-là ? » ou encore « Comment on peut raconter leur vie avec si peu d'informations ? », sont autant de questions qui expriment des doutes légitimes. En effet, l'histoire de la Shoah étant celle d'une destruction des témoins, des archives et des preuves, l'écriture de cette page d'histoire ne permet pas toujours de répondre à toutes les interrogations soulevées au cours de l'enquête.

C'est pour cette raison que d'autres élèves inscrits en 3e 1 et 3e 2 ont imaginé des dialogues et des pensées que Mina, Jacques, Dora et Jean Bender, les quatre cousins de Bernard Goldstein, dont ils ont écrit l'histoire, auraient pu avoir à plusieurs moments de leur vie. Ces écrits, qui ont été intégrés aux biographies, sont venus enrichir le récit historique en lui apportant une sensibilité que les élèves n'ont cessé d'exprimer.

L'émotion et la fierté sont incontestablement des sentiments que les élèves ont ressentis quand, par exemple, ils ont été accueillis à l'hôtel de ville de Paris, en janvier 2019, dans le cadre d'une grande réunion de restitution organisée à l'occasion de la journée dédiée à la mémoire des génocides. Émerveillés et intimidés, ils ont pris place dans l'immense salle des fêtes, et quatre d'entre eux ont présenté oralement leurs réalisations à des spectateurs nombreux. « Ce projet m'a rendu écrivain à 14 ans. Je n'imaginais pas le pouvoir de l'écriture. En racontant l'histoire de ces enfants victimes de la Shoah, je me suis aussi engagé contre le racisme », a dit Hicham.

En février 2020, le conseil départemental de l'Essonne avait décerné le prix Ilan Halimi à ce projet. Une des élèves, Ariane, avait alors déclaré, après avoir pris une grande inspiration, stressée mais déterminée : « Ce soir, nous sommes tous très heureux de recevoir ce prix. C'est une reconnaissance du travail que nous menons au collège. Nous le savons : le racisme et l'antisémitisme n'ont pas disparu. Alors, en tant que futurs citoyens, nous continuerons de nous souvenir, de raconter et de transmettre pour lutter contre la haine. »

Prolonger l'engagement au-delà de leur année de troisième, c'est ce qu'ont fait Steeve et Siyaan, deux élèves impliqués dans le projet en 2018-2019, qui sont devenus jeunes ambassadeurs de la Maison Anne Frank. Ils animent désormais des ateliers pour transmettre à leur tour le message que Daniel Urbejtel, déporté par le convoi numéro 77 et survivant d'Auschwitz, qu'ils avaient rencontré au collège, leur avait livré : « Apprenez à comprendre au lieu de chercher à haïr. » Cette expérience pédagogique vécue avec les élèves démontre qu'il est possible d'enseigner l'histoire de la Shoah dans les territoires d'éducation prioritaire, et nécessaire de déconstruire les préjugés trop souvent véhiculés sur les élèves qui y sont scolarisés.

Guerre d'Algérie : l'histoire qui nous unit

Aurélien Sandoz [1]

Dans le cadre des débats sur la mémoire de la guerre d'Algérie, Aurélien Sandoz, professeur d'histoire, raconte les « espaces de dialogue » féconds sur le sujet mis en œuvre au lycée Galilée de Gennevilliers.

Rapport Stora, reconnaissance de la responsabilité de la France dans l'assassinat de l'avocat Ali Boumendjel, ouverture des archives : jusqu'à la commémoration récente du cessez-le-feu du 19 mars 1962, l'actualité mémorielle récente montre que tout ce qui touche à la guerre d'Algérie est encore à vif dans la société française. Or, enseigner sur ce sujet peut s'avérer bien plus serein qu'on ne l'imagine spontanément.

De quoi avons-nous peur ? Les historiens mènent un travail rigoureux, porteur d'apaisement. Comme le rappelle Benjamin Stora, « à l'heure de la compétition victimaire et de la reconstruction des récits fantasmés, on verra que la liberté d'esprit et le travail historique sont des contre-feux nécessaires aux incendies de mémoires enflammées, surtout dans la jeunesse ». Depuis plusieurs années, au lycée Galilée de Gennevilliers (Hauts-de-Seine), nous allumons ces contre-feux, puisque c'est notre métier d'enseignant et que c'est au programme d'histoire.

1. Aurélien Sandoz est professeur d'histoire au lycée Galilée de Gennevilliers. Ce texte a été publié dans *Le Monde* le 23 mars 2021.

« Déjouer leurs préjugés »

Gennevilliers a abrité dans les années 1950 un bidonville accueillant une population algérienne. Cette population a laissé un riche matériau dans lequel nous avons emmené nos élèves puiser, au sein des archives municipales.

Lorsque nous étudions avec eux un document qui semble aride de prime abord, des questions le rendent rapidement vivant : l'archive ment-elle ? Qui a produit ce document ? Est-ce une archive exceptionnelle ou banale ? C'est avec l'humilité de chercheurs amateurs, avec l'aide de l'historienne Raphaëlle Branche et du regard bienveillant de l'historien Daho Djerbal, que lycéens et enseignants abordent, par exemple, les plaintes d'instituteurs inquiets des violences subies par les travailleurs algériens, ou encore la liste des corps retrouvés sur les bords de Seine après la manifestation du 17 octobre 1961. Autant de pièces précieuses qui nous amèneront, dans quelque temps, à créer une cartographie interactive des lieux, objets et témoignages accumulés.

Faire l'histoire de l'Algérie, c'est aussi côtoyer un présent bien vivace à travers des témoins. La venue de Messaoud Guerfi, ancien harki, a été l'occasion de partir des représentations des élèves afin de déjouer leurs préjugés. Le mot « traître » a rapidement fusé. Calmement, notre témoin a raconté comment une partie de sa famille, dont son père, a été assassinée dans l'explosion de sa voiture, pourquoi il a alors accepté un contrat de harki pour enseigner le français dans son village afin de nourrir sa mère, devenue veuve. Puis, après la guerre, comment il a été enrôlé pour déminer la frontière tunisienne. Au bout de trois années, sa mère est parvenue à le faire évader en France. Il ne l'a jamais revue. À la fin de son récit, les élèves, émus aux larmes, se sont levés pour l'applaudir et lui manifester leur empathie.

Renverser les mythes

Ces témoignages permettent aux élèves d'entrer dans la complexité incroyable d'une guerre qui ne se résume pas à une opposition entre deux camps. Guerre de décolonisation, d'indépendance, de sécession, de libération nationale, guerre révolutionnaire et double guerre civile, la guerre d'Algérie possède autant de clés d'entrée que d'acteurs. Nous nous arrêtons sur l'une d'entre elles : le centre médico-social face au lycée porte le nom de Daniel Timsit, médecin algérien, berbère et juif qui a participé à la bataille d'Alger aux côtés du Front de libération nationale (FLN). Il a été emprisonné, avant de contribuer au premier gouvernement algérien, de s'enfuir après le coup d'État de 1965 et de devenir médecin à Gennevilliers. En un parcours se trouve renversé le mythe d'une unité du peuple algérien autour de la seule identité arabo-musulmane.

L'historien Abderahmen Moumen l'a noté lors d'une intervention dans l'établissement : les élèves sont « passionnés, curieux ou même désintéressés ». Sur cette question, il y a, en effet, des élèves passionnés, notamment dans le cadre de l'atelier facultatif Mémoires, qui propose aux volontaires de travailler pendant l'heure du déjeuner sur les mémoires de la guerre d'Algérie. Il y a, par exemple, cette adolescente qui y arbore un drapeau algérien dessiné sur son masque, étendard d'un besoin de parler de son identité, riche et complexe. D'aucuns y verraient une provocation, j'y vois un point de départ, le marchepied vers une réflexion collective menée au lycée, ensemble, bien loin d'une perception dramatisante relayée par certains médias.

L'humour avec lequel les élèves savent décrypter les discours enflammés est réjouissant. Cet enseignement de l'histoire les arme pour prendre du recul, en tant qu'élèves, mais encore et surtout en tant que citoyens. Ainsi, lorsque Saad Abssi, Gennevillois, ancien responsable du prélèvement de l'impôt révolutionnaire au FLN qui servait à financer la lutte pour l'indépendance de l'Algérie, explique qu'en payant cet impôt, les Algériens de Gennevilliers donnaient toujours un peu plus que demandé, et affirme qu'il leur faisait économiser de l'argent en leur interdisant d'acheter de l'alcool, du tabac et de jouer aux jeux, les élèves esquissent un sourire : ils comprennent que c'est le discours d'un militant engagé.

Ouvrir un espace de dialogue

Parmi ces élèves, Ilhem Fernane, en terminale scientifique en 2017, aujourd'hui en dernière année d'école d'ingénieur, a ainsi découvert grâce aux cours d'histoire que ses quatre grands-parents avaient participé à la guerre de libération nationale. En les questionnant, Ilhem a brisé ce silence si bien décrit par Raphaëlle Branche dans *« Papa, qu'as-tu fait en Algérie ? » Enquête sur un silence familial*[2]. Soudain, le « retour mémoriel » a modifié les dynamiques des réunions familiales, car le tabou levé a brisé des freins : le grand-père a pris à part sa petite-fille pour lui parler de tout, de rien et de la guerre d'Algérie, ouvrant ainsi un espace de dialogue qui perdure aujourd'hui.

À la fin de l'année scolaire, j'ai demandé à Ilhem si le discours médiatique n'avait pas raison d'affirmer que l'histoire scolaire enseignait une mauvaise image de la France. Et la lycéenne de répondre avec son enthousiasme et son sourire habituels : « Non, monsieur, c'est bien de connaître l'histoire de France. C'est passé, maintenant. Cela m'a permis de découvrir que mes quatre grands-parents avaient fait la guerre pour libérer leur pays, mais je suis française. » Depuis plusieurs années, les différentes cohortes d'élèves entrent dans le même processus de redécouverte de leur histoire familiale et ont une approche apaisée de ces mémoires.

Finalement, au lieu de nous diviser, comprendre l'histoire nous unit. C'est pourquoi il y a de quoi être en colère contre tous ceux qui fantasment une jeunesse qui serait « enflammée » par les concurrences mémorielles, allant jusqu'à contester un enseignement au nom d'une de ces mémoires. Cette jeunesse nous émerveille au contraire chaque jour par sa capacité à passer à l'étape

2. Raphaëlle Branche, *« Papa, qu'as-tu fait en Algérie ? » Enquête sur un silence familial*, Paris, La Découverte, 2020.

suivante, celle qui consiste à explorer une histoire fondatrice de l'identité française et d'une grande démocratie. Notre rôle se cantonne à celui d'adultes lui ouvrant une porte optimiste et confiante, condition d'un avenir commun apaisé. Il ne s'agit pas d'imposer démocratie et valeurs républicaines, mais de les vivre ensemble au quotidien.

Mémoires de l'esclavage : enseigner la complexité des héritages

Éric Mesnard [1]

L'enseignement des traites, des esclavages et de leurs abolitions reste insuffisamment présent dans les programmes scolaires. C'est une question pourtant cruciale pour comprendre le monde contemporain.

Il y a vingt ans, le Parlement votait la loi dite Taubira dont l'article 2 stipule que « les programmes scolaires et les programmes de recherche en histoire et en sciences humaines accorderont à la traite négrière et à l'esclavage la place conséquente qu'ils méritent ». Si l'enseignement des traites, des esclavages et de leurs abolitions n'est pas une complète nouveauté, ces questions sont entrées explicitement dans les programmes de l'école élémentaire en 2002, et la journée du 10 mai leur est consacrée.

Depuis, les programmes scolaires successifs leur ont globalement accordé une place plus importante. De nombreuses publications tant savantes que destinées à la jeunesse ont été publiées, des ressources pédagogiques ont été mises en ligne. Et un concours national, appelé « La flamme de l'égalité », valorise les projets pédagogiques mis en œuvre dans des écoles, des collèges et des lycées.

1. Ancien formateur en histoire et géographie à l'Inspé de l'académie de Créteil-UPEC, Éric Mesnard a codirigé, avec Marie-Albane de Suremain, *Enseigner les traites, les esclavages, leurs abolitions et leurs héritages* (Paris, CIRESC/Karthala, 2021). Ce texte a été publié dans *Le Monde* le 10 mai 2021.

Toutefois, la place de cet enseignement demeure fragile, comme l'a montré, en octobre 2020, la note de la Fondation pour la mémoire de l'esclavage [2]. En attestent ainsi les programmes actuellement en vigueur pour le primaire qui incluent la question de la traite et de l'esclavage dans le thème intitulé « Le temps des rois » (CM1). Mais ils la limitent d'une phrase sibylline à « une présentation de la formation du premier empire colonial français, porté par le pouvoir royal, et dont le peuplement repose notamment sur le déplacement [*sic*] d'Africains réduits en esclavage ».

À l'heure des débats publics sur les mémoires de la colonisation et sur la diversité des identités, n'est-il pas surprenant de constater que les seules « violences » évoquées entre le XIe et le XVIIIe siècle par les auteurs de ces programmes sont les « croisades, les guerres de religion et le régicide » ? Si les programmes pour l'enseignement professionnel et ceux « adaptés pour les Outre-mer » abordent les résistances des esclaves et la révolution de Saint-Domingue, les programmes du collège et de la voie générale du lycée se cantonnent aux données économiques. En somme, il s'agit d'un point dans les programmes qui reste une question « à part entière, entièrement à part », comme Aimé Césaire aurait pu le dire. Mais elle suscite un vif intérêt, comme celles où s'entremêlent histoire et mémoire et pour lesquelles l'élaboration et la transmission d'une histoire commune sont un enjeu civique majeur.

Réévaluer le « panthéon scolaire »

Dans un contexte marqué par la persistance du racisme, dont l'esclavage est une matrice essentielle, l'enseignement de cette question cruciale pour la compréhension du monde contemporain doit mieux trouver sa place. Il doit s'insérer dans une réflexion plus générale sur les enjeux de l'enseignement de l'histoire qui,

---

2. Benoit Falaize, Nadia Wainstain, https://memoire-esclavage.org/la-fondation-publie-une-note-sur-lenseignement-de-lhistoire-de-lesclavage, Fondation pour la mémoire de l'esclavage, octobre 2020.

malgré les propos nostalgiques de certains, ne peut plus reproduire la transmission du « mythe national » hérité du XIXe siècle [3].

Pour être véritablement partagée, l'histoire enseignée doit prendre en compte la complexité et la variété des héritages. Si les Français issus des groupes minoritaires ne se retrouvent pas dans cette histoire scolaire, ils pourraient être tentés de se réfugier dans un passé mythique, voire trompeur. Dépasser les enfermements identitaires devrait être une des finalités de la formation des maîtres à l'Inspé de Créteil. Sans quoi ils risquent de perturber le positionnement de professeurs des écoles stagiaires qui, pour la plupart, ont peu de connaissances historiques sur la question. Leurs représentations sont souvent brouillées par des idées reçues simplistes qui les mettront en difficulté dans les classes s'ils ne bénéficient pas, lors de leur formation, de contenus scientifiques fiables et d'une réflexion critique sur les enjeux didactiques d'une histoire complexe.

Le panthéon scolaire et le choix des grands hommes qui y figurent méritent également d'être réévalués. Ainsi le professeur qui enseigne à ses élèves l'absolutisme de Louis XIV et la biographie de Napoléon Bonaparte ne doit-il plus passer sous silence la condition des hommes et des femmes déportés et exploités dans les colonies esclavagistes au même moment. Il doit en outre expliquer, comme il le fait pour la révocation de l'édit de Nantes, la signification du Code noir promulgué la même année (1685), les conséquences du rétablissement de l'esclavage en 1802, et présenter, notamment, le rôle de Toussaint Louverture et de l'abbé Grégoire.

La précision et la rigueur d'un enseignement qui contribue à la transmission de cette histoire sont indispensables. Il s'agit de

3. Voir à ce sujet : Myriam Cottias, *La Question noire : histoire d'une construction coloniale*, Paris, Bayard, 2007 ; Stéphane Beaud et Gérard Noiriel, *Race et sciences sociales. Une socio-histoire de la raison identitaire*, Paris, Agone, 2021 ; Pap Ndiaye, *La Condition noire. Essai sur une minorité française*, Paris, Gallimard, 2009.

contrer les effets pernicieux de la concurrence des mémoires entretenue par un usage inapproprié des réseaux sociaux par les jeunes. L'initiation à la critique documentaire permise par la leçon d'histoire amène l'élève à s'interroger sur le sens de tel mot ou de telle image pour justifier ou pour condamner la traite et l'esclavage. Elle le rend sensible à la polysémie de mots comme, par exemple, celui de liberté qui n'avait pas le même sens pour le négrier et pour celui qui était enchaîné à fond de cale. La critique documentaire incite le futur citoyen à la défiance à l'encontre de l'euphémisation des pratiques criminelles. Celle-ci était déjà largement pratiquée par la propagande du lobby négrier qui se fit, face aux critiques, le défenseur de la « liberté du commerce » et de la « prospérité des ports, des colonies et de la France », ceci grâce au maintien du trafic du « bois d'ébène » et des « pièces d'Inde » sauvées de la « barbarie africaine ».

Pour la plupart des élèves, les Noirs sont *a priori* perçus comme étant des esclaves, ce qui est une des conséquences de la « racialisation » de l'esclavage colonial. Pour autant, tous les Noirs n'ont pas été esclaves et des Africains ont été les partenaires des négriers européens. J'ai ainsi pu constater que la compréhension de la gravure de Jacques Grasset de Saint-Sauveur, souvent reproduite dans des manuels scolaires (« Marchand d'esclaves de Gorée », *in l'Encyclopédie des voyages* publiée à Paris en 1795-1796) est fréquemment sujette à confusion lorsqu'il s'agit d'identifier qui est le marchand d'esclaves de Gorée. En effet, les élèves, comme hélas certains professeurs stagiaires, ne comprennent pas que le marchand en question est l'homme noir armé d'une lance et vêtu d'une belle indienne fumant la pipe au premier plan, et non le négrier européen avec lequel il est en discussion.

Une des finalités de l'enseignement de l'histoire est de montrer qu'il a existé et existe encore d'autres réalités que l'exploitation esclavagiste coloniale et que celles-ci ne concernent pas les seules populations noires. Ainsi le mot esclave désignait-il au Moyen Âge des populations slaves. En déconstruisant les associations confuses entre la couleur de la peau et le fait d'être ou d'avoir été esclave, cet enseignement devrait contribuer à nous affranchir des représentations racistes héritées du système colonial esclavagiste. Je citerai, pour expliciter mon propos, Frantz Fanon :

> La douleur morale devant la densité du Passé ? Je suis nègre et des tonnes de chaînes, des orages de coups, des fleuves de crachats ruissellent sur mes épaules. Mais je n'ai pas le droit de me laisser ancrer. Je n'ai pas le droit d'admettre la moindre parcelle d'être dans mon existence. Je n'ai pas le droit de me laisser engluer par les déterminations du passé. Je ne suis pas esclave de l'Esclavage qui déshumanisa mes pères [...].
>
> Moi, l'homme de couleur, je ne veux qu'une chose : que jamais l'instrument ne domine l'homme. Que cesse à jamais l'asservissement de l'homme par l'homme. C'est-à-dire de moi par un autre. Qu'il me soit permis de découvrir et de vouloir l'homme, où qu'il se trouve. Le nègre n'est pas. Pas plus que le Blanc[4].

Tout l'enjeu de formation est là.

Restituer à nos élèves la complexité de l'histoire des questions sensibles est, en outre, un enjeu essentiel contre les négations des crimes coloniaux ou des génocides du XXe siècle.

« Incarner » la traite et l'esclavage

Dans bien des territoires où les questions des élèves peuvent être tout à la fois vives, sensibles et exigeantes lorsqu'on parle d'esclavage, des enseignants sont engagés pour prendre en compte les relations complexes et souvent conflictuelles entre la mémoire dont certains élèves peuvent être porteurs et l'enseignement de l'histoire. Ils abordent avec tact et rigueur des textes qui défendent des thèses racistes ou des images qui donnent une vision dégradante de l'être humain.

---

4. Frantz Fanon, *Peau noire, masques blancs*, Paris, Le Seuil, 1952, pp. 186-187 (extrait de la conclusion).

Ces pédagogues cherchent l'équilibre entre une nécessaire mise à distance et une évocation formelle qui résumerait cette histoire par le seul usage d'une carte du commerce triangulaire. Il faut, en effet, transmettre les pertes humaines sans les réduire à un bilan comptable, en incarnant sans relâche la terrifiante froideur de ces nombres exprimés en centaines de milliers ou en millions et dont la réalité demeure inconcevable, même pour des adultes.

De plus en plus d'enseignants, grâce à la traduction en français de récits autobiographiques d'anciens esclaves comme Olaudah Equiano, Mary Prince, Harriet Jacobs ou Frederick Douglass, permettent à leurs élèves d'entendre la parole d'hommes et de femmes au parcours singulier. Victimes, certes, mais aussi acteurs et militants qui ont agi pour l'émancipation. La lecture de ces textes est l'occasion de ressentir notre commune humanité et d'inciter chacun, à sa mesure, à s'engager pour le respect de la dignité humaine dans un monde où l'esclavage, malgré la législation internationale, n'a pas disparu.

Il y a vingt ans, formateur pour les professeurs des écoles dans l'académie de Créteil, j'avais fait un sondage auprès d'une centaine de professeurs stagiaires. S'ils connaissaient Louis XIV et Napoléon Bonaparte, moins d'une dizaine savait qui était Toussaint Louverture, Louis Delgrès et Victor Schœlcher. Faisons-en sorte que, grâce à une pédagogie active adossée aux travaux scientifiques, si un tel sondage devait être réédité, il ne conduise pas au même résultat.

Partage des mémoires et reconnaissance de l'autre

Mohand-Kamel Chabane et Constance Lagrange [1]

Aborder les questions mémorielles en classe ne pourrait-il pas unir les élèves ? Une expérience de fresques au collège Gustave-Flaubert dans le 13e arrondissement de Paris a montré à des élèves de troisième et quatrième que le passé pouvait résonner dans le présent sans opposer, et que les histoires individuelles formaient une histoire collective.

Esclavage, Shoah, colonisation, guerre d'Algérie. On dit trop facilement qu'un récit commun est impossible avec des élèves d'origines et de milieux différents. Parce que les mémoires blessées viendraient parasiter la construction de la mémoire commune. Chacun y allant de son ressentiment, de ses représentations, de son histoire héritée, parfois reconstruite par les réseaux sociaux ou émergeant des débats publics nauséabonds auxquels les élèves assistent. *A priori*, on pense d'emblée à un problème de concurrence mémorielle.

Combien prétendent ainsi qu'on ne peut plus enseigner la Shoah parmi d'autres crimes contre l'humanité sans que chacun vienne tirer la couverture à lui, incapable de s'ouvrir à une forme d'universalisme ? Chaque élève resterait donc enfermé dans sa « victimisation », développant hostilité et intolérance vis-à-vis

---

1. Mohand-Kamel Chabane est enseignant en histoire-géographie au collège Gustave-Flaubert à Paris. Constance Lagrange est professeure d'arts plastiques dans le même collège. Ce texte a été publié dans *L'École des lettres* le 7 février 2022.

des « autres » ? Alors même qu'ils sont membres d'un collectif qui les fait « nôtres ».

Impossible, alors, ce partage des mémoires, cette symbiose ? De même que la reconnaissance de l'autre comme un autre moi, porteur de sa propre histoire, qui serait finalement comme « l'un des miens » ? Les questions mémorielles, au lieu de séparer, ne pourraient-elles pas au contraire nous unir ?

Ces discours déclinistes et désespérants continuent d'exister et font force de loi. Une expérience menée dans un établissement parisien, au collège Gustave-Flaubert, dans le 13e arrondissement de Paris, avec des élèves de quatrième et de troisième, a démontré le contraire. À travers la réalisation de fresques mémorielles, les adolescents se sont rendu compte que ce qui était perçu comme la mémoire des autres était aussi la leur. Ils se sont ainsi inscrits dans la construction d'une mémoire collective et nationale.

Les parents d'élèves ont adhéré à cette pédagogie de projet dans laquelle leurs enfants se sont investis et ont ainsi été conviés aux différentes inaugurations.

Les fresques font désormais partie de l'environnement des élèves au sein de l'établissement et jouent un rôle important, invitant à la réflexion et au souvenir tous ceux qui passent dans les couloirs, lieux particulièrement empruntés, notamment lors des intercours.

Traiter les questions sensibles sans opposer les souffrances

Le projet prévoyait quatre fresques faisant ressortir quatre thèmes dits sensibles et qui pouvaient sembler inconciliables. Les poncifs auraient parié sur le caractère explosif des rapprochements : l'esclavage ne faisant pas bon ménage avec la Shoah, qui ne ferait pas bon ménage avec la colonisation. Ces trois crimes contre l'humanité ont pourtant été traités en harmonie, sans opposer les souffrances, mais en les reconnaissant et en leur rendant leur singularité. Le dernier thème était la guerre d'Algérie.

Le titre de la première fresque, « À la mémoire des esclaves », a été choisi par les élèves. C'est d'abord à l'intérieur du drapeau national qu'ils ont décidé de l'inscrire, mais il n'était surtout pas question pour eux que le message s'apparente à une injonction au souvenir, à un « devoir de mémoire ». Ils en ont fait une invitation à prendre conscience de l'importance des questions mémorielles. Ainsi, à travers une composition mêlant poings brisant des chaînes, champ de coton, yeux, citation et portrait de Condorcet, ils ont sublimé l'esclavage et posé un premier jalon de revendications.

Pour la deuxième fresque, portant sur la Shoah, un élève, Jérémy, a proposé d'inscrire en hébreu le titre « N'oublions jamais la Shoah ». On pouvait redouter une opposition immédiate des autres. Pourtant, sa proposition a été unanimement acceptée. Le choix particulier porté sur « N'oublions », précédant « jamais la Shoah », témoigne d'un point de vue engagé et convaincant auprès du groupe, selon lequel la mémoire est une liberté, un droit, un choix. Il paraissait nécessaire d'engager le spectateur par l'utilisation du « nous » : « vous et moi ». Cette fresque réunit la silhouette d'un train, sa fumée, un brassard, une kippa, un violon, un autodafé – symbole de la destruction de la culture juive –, un accordéon, des pages de livres, une Torah, ainsi qu'un poème de Primo Levi...

Quand le passé hante encore le présent

Lors de la conception de la troisième fresque, sur la colonisation, Marie-Antoinette, élève de troisième, dont la mère vivait au Togo, semblait tenir à ce titre : « La colonisation : un crime contre l'humanité ». Elle voulait se soulager d'une partie de son histoire et faire entendre ce qu'elle ressentait comme étant la voix des vaincus. En permettant ainsi à chacun d'exprimer ses revendications profondes, de faire parfois aussi des concessions, les élèves ont mis en commun leurs ressentis. Avec des figures historiques comme Hô Chi Minh, Maurice Audin, le roi du Dahomey, Savorgnan de Brazza, ainsi qu'Abd El-Kader, ils ont souhaité rester dans une représentation réaliste. L'Afrique, au cœur de cette fresque, porte en son centre une trace de main ensanglantée comme figuration d'un passé qui, bien qu'achevé, ne passe pas et continue de hanter le présent.

Après l'esclavage, la Shoah et la colonisation, c'est l'Algérie qui a permis, une fois encore, de montrer qu'il est possible, au sein d'une œuvre collective, de faire cohabiter des mémoires soi-disant antagonistes. Les élèves les ont symbolisées, dépassant l'idée que le conflit ne ferait que perdurer. Harkis, Français d'Algérie, combattants du FLN, appelés du contingent, ils ont intitulé la dernière fresque « La guerre d'Algérie, 1954-1962, un drame humain ». Y figurent Albert Camus, Larbi Ben M'hidi, Germaine Tillion, Frantz Fanon, Maurice Laban. Mais aussi la France reliée à l'Algérie de la gauche à la droite par une mer et des bateaux, guidant les soldats de Dunkerque à Tamanrasset. On remarque aussi des instruments de torture utilisés lors de la guerre d'Algérie. Au-delà des détails graphiques, il fallait que les élèves prennent conscience que tout le monde a été perdant, que tout le monde a souffert. Ces adversaires d'hier appartiennent à l'histoire, mais nous, aujourd'hui, que pouvons-nous construire sur ce passé ? En se faisant écho, les fresques cimentent une histoire commune.

Quatre fresques et trois crimes contre l'humanité. En rendant justice à toutes les mémoires blessées, en rendant hommage à chacune, qu'ont-ils témoigné, ces jeunes de 14-15 ans ? Qu'ont-ils manifesté, si ce n'est un engagement et un engouement au service d'une cause commune ? Au collège, il n'y avait alors plus de riches, de pauvres, de Noirs, de Blancs, d'Arabes, seulement des élèves en demande de connaître leur histoire, qui est aussi la nôtre. Ainsi, semble-t-il, le message est passé : ce qui nous différencie ne nous sépare pas mais au contraire nous complète, nous unit et nous renforce. En partageant ces pans d'histoire, parfois enkystés et instrumentalisés, en considérant vraiment les élèves à égalité, les conflits peuvent être dépassés. Ils ont baissé les armes. La défensive est tombée. Justice a été rendue. Les fresques ont fait œuvre de fraternité.

4.

Parce que la culture citoyenne est la condition de l'émancipation

La question des principes et des valeurs de la République à l'école semble toujours se heurter à un obstacle. La laïcité, notamment, serait mise à mal par les revendications identitaires et le développement de la religiosité. Ainsi, l'école des quartiers populaires, « pénétrée par l'islamisme », serait en passe d'être débordée. L'assassinat de Samuel Paty en 2020 est venu heurter toutes les espérances contraires. Fallait-il pour autant désespérer de notre mission ? Ne plus y croire ? Penser que ces heures et ces heures de débat, ces réflexions menées avec les classes, comme des lueurs d'espoir, étaient vaines ? Certainement pas. La laïcité, les principes et les valeurs de la République sont des combats de tous les jours. La culture citoyenne est présente chaque heure de cours, chaque minute, loin des grands mots et des leçons apprises par cœur. Les élèves, pris en porte-à-faux entre des valeurs dites de liberté/égalité/fraternité et un sentiment d'injustice sociale seront toujours plus sensibles à l'exemple qu'aux paroles. La transmission des valeurs et des principes s'incarne, et en premier lieu, dans les postures professionnelles au quotidien.

Les textes qui suivent montrent comment la culture citoyenne peut se conquérir avec des jeunes prêts à y adhérer, malgré des postures prétendument hostiles. À travers des rencontres, des témoignages, une relation de confiance et une parole libre, les élèves parviennent, peu à peu, à mettre du sens dans des valeurs qu'ils percevaient au départ comme des mots vides de sens.

Acteurs de la mémoire collective

Anne-Laure Hartmann [1]

Retour sur une expérience menée en CAP et bac pro autour du centenaire de la Grande Guerre dans une région frappée : la Marne. En passant par la littérature et les arts, les élèves explorent cette mémoire sous l'angle des émotions et de la recherche, et en sortent changés.

En septembre 2018, notre troisième année d'un projet sur la Grande Guerre commence avec deux classes de CAP regroupant les sections « Maintenance des équipements de parcs et jardins », « Peinture en carrosserie » et « Hôtellerie et restauration » : un public fragile à tous points de vue, socialement, culturellement et cognitivement.

Notre équipe de quatre enseignants en lettres-histoire et en arts appliqués se connaît bien. Nos objectifs sont toujours de permettre à ces jeunes au passé scolaire chaotique de se mobiliser. Nous sommes dans la Marne, et la fascination qu'exerce la mémoire des conflits mondiaux qui ont bouleversé le territoire et la région est surprenante pour une enseignante originaire de l'ouest !

Nos élèves, venant parfois des campagnes environnantes, sont un réservoir d'anecdotes confuses plus ou moins erronées relevant parfois de la rumeur ; la Grande Guerre est souvent – presque toujours – amalgamée avec la Seconde Guerre mondiale : « La première et la deuxième, c'est pareil », entend-on souvent...

---

1. Anne-Laure Hartmann est professeure de lettres-histoire en lycée professionnel à Reims. Ce texte a été publié dans *L'École des lettres* le 14 février 2019.

Une région marquée par les guerres

La ville de Reims se trouve souvent au cœur d'événements médiatisés qui rappellent ces conflits mondiaux : ainsi la célébration des cinquante ans de réconciliation franco-allemande avec Angela Merkel et François Hollande en juillet 2012 ou encore, en mai 2015, l'inauguration par les ministres des Affaires étrangères français et allemand des vitraux de la cathédrale de Reims réalisés par Imi Knoebel et offerts par l'Allemagne. Les traces d'impacts sur le monument bombardé en septembre 1914 et les gargouilles d'où s'écoulait le plomb de la toiture en fusion sont les témoins d'une violence de guerre que tous les Rémois connaissent.

Au sein même du lycée, l'association Le Souvenir français vient régulièrement se recueillir en mémoire de l'ancienne caserne Neufchâtel détruite lors de la Grande Guerre, où se trouvent une plaque et des fleurs devant lesquelles passent les élèves.

Chaque année, nous rencontrons dans les classes un ou deux élèves étonnants qui, le week-end, partent à la recherche d'objets de la guerre enfouis dans les sols. Nous concevons donc naturellement notre projet comme une réponse à un appétit de comprendre le monde et nous l'inscrivons dans le cycle des commémorations du centenaire de la Première Guerre mondiale.

Un projet d'histoire globale

En mêlant la littérature, le cinéma, la peinture, l'histoire et la création, nous explorons avec les élèves tous les aspects de la guerre sous plusieurs angles : celui des émotions, en touchant les murs des kilomètres de galeries souterraines de la butte de Vauquois en Argonne creusées par le génie, ou en foulant les champs de bataille avoisinants ; celui de la recherche, en travaillant sur le site internet Mémoires des hommes, et sur les témoignages dans la littérature et le cinéma. Nous étudions également le vocabulaire et l'artisanat des tranchées. Au musée de la Grande Guerre de Meaux, les élèves sont bouche bée face à la taille des bombes, incrédules devant le matériel médical militaire et touchés par les objets quotidiens des tranchées.

Ils produisent des calligrammes à la manière d'Apollinaire et apprennent à nommer les émotions pour approcher l'indicible : la violence des combats, la perte d'un père, d'un fils, les gueules cassées. Ils reconstituent une époque : les rues, les transports, les corps, les communications, les bombardements... Nous sortons, nous écrivons, nous discutons, nous ressentons, nous lisons, nous nommons, nous dessinons... Très vite, ils nous suivent avec ardeur dans notre ambition d'histoire totale et globale, et nous leur en sommes très reconnaissants ! Il faut admettre que la co-intervention lettres-histoire-arts leur offre des moments privilégiés dans leur semaine de cours. La rencontre occasionnelle avec une autre classe de CAP crée une émulation, et une petite compétition s'installe !

Ils deviennent force de proposition et veulent écrire aux enfants des poilus. Tous, en fin de première année, choisissent une question dont ils doivent se faire les experts. C'est difficile, et certains commencent à émettre des doutes.

La réalisation du film *Oublier... jamais* sur le site du lycée les oblige à une prise de distance qu'il leur faut formuler pour un public inconnu et universel. L'expérience dépasse nos attentes : en cette deuxième année de CAP, Michaël et Hugo continuent de mobiliser leurs camarades pour qui l'investissement peut sembler long. Ils en savent beaucoup et veulent nous le montrer : les causes, les armements, les femmes, le langage, les batailles, les uniformes, la paix...

Lorsque je le questionne sur cet engouement, Michaël se rappelle : « Moi je me suis assis sur le lit d'un poilu et je n'ai jamais pensé que je vivrais ça. Après, le travail que les profs nous ont fourni, on l'a réussi à un point que ni nous ni eux ne pouvaient imaginer : c'est parti d'un livre, un gros livre, puis un travail en équipe, puis un CCF [contrôle en cours de formation : c'est une épreuve organisée par l'enseignant durant l'année et comptant pour le diplôme], puis un travail en arts, puis un grillage et des calligrammes, puis des lettres, puis un film, des sorties, on ne s'est jamais arrêtés, et maintenant on en est là... »

Quant à Hugo, c'est le film qui l'a bouleversé : « J'ai pleuré quand je l'ai vu : les images, la musique et les voix de nous tous. J'ai eu le déclic, j'ai compris qu'il ne fallait pas oublier, oublier jamais. Avant je ne voyais pas pourquoi ! »

Le cycle s'achève, Michaël passe du CAP en première bac pro et il saisit sa chance avec enthousiasme ! Pour lui, pour son père et surtout pour sa belle-mère qui lui a donné l'amour d'une maman. Il traîne souvent autour de nos salles, il demande des nouvelles, évoque le film et le projet. Tout de même, il doit bien s'agir d'autre chose que d'un engouement ! S'agit-il d'une forme de nostalgie pour son année passée en CAP durant laquelle il se sentait plus sécurisé, plus accompagné ? Serait-ce la dimension citoyenne et collective de cette aventure, dans laquelle il aurait pris plaisir à s'inscrire, qui lui manque en ce début d'année en première bac pro ?

Dialogue d'une année à l'autre

Le second projet avec nos nouveaux élèves de CAP, que nous avons intitulé Voix de Mémoire, s'articule autour de l'année 1918 avec une commémoration organisée par les jeunes en point d'orgue. Nous invitons les grands de terminale bac pro restauration à venir en classe expliquer 1918, la paix et les relations internationales aux plus jeunes. Ils prennent à cœur leurs responsabilités, ont peur de se tromper, et l'idée de faire un cours aux CAP les rend très sérieux !

En septembre, nous les emmenons visiter une nécropole, ils rient et chahutent dans le bus, s'invectivant fréquemment. Pourtant, devant l'alignement de croix blanches, deux n'osent pas entrer et le reste du groupe est solennel. Nous y passons deux bonnes heures, examinant les noms et prénoms, les âges, parfois les confessions, le monument aux morts... Ils sont impressionnés par la multitude de croix blanches, par la jeunesse des soldats morts, et encore une fois nous constatons combien les connaissances sont confuses et floues mais ô combien l'investissement et l'émotion débordent.

Ils revendiquent des connaissances qu'ils nous font confirmer ou infirmer à grands coups de « Il paraît... ». Le travail s'enclenche facilement en co-intervention sur les gueules cassées, sur les batailles, sur les ressentis, sur la lecture. Michaël vient régulièrement nous voir, pour les encourager, et pour dire sa nostalgie, nous semble-t-il ! À la fin du mois, nous apprenons la tenue d'une réunion du comité des Assises pédagogiques de la Mission du centenaire de la Première Guerre mondiale et son désir de rencontrer des élèves : Michaël se redresse et un sourire illumine son visage ! Dès lors, deux fois par jour, nous le voyons arriver pour dire bonjour et demander si tout va bien...

Une visite de la Mission du centenaire

Cette rencontre entre les membres du comité, les anciens CAP et les tout nouveaux CAP nous a donné à voir des jeunes désireux de témoigner et d'échanger avec des adultes. Je repense à Simon, timide élève Ulis en CAP depuis un mois et doutant de sa place, rougissant d'efforts pour ne pas bafouiller ni perdre une miette de sa conversation avec l'historien Antoine Prost. Et je revois Marie, jeune CAP HR toujours en bavardage, accaparant la parole, se donnant volontiers en spectacle et se mêlant de tout, expliquer ce jour-là un calligramme à la rectrice, qui, émue, la prend dans ses bras en retour : « Moi je ne m'y attendais pas quand la rectrice m'a fait un gros câlin, c'était la fête, le 14-Juillet dans ma tête ! Je pensais qu'elle allait me serrer la main ; peut-être qu'elle a été émue par ce que j'ai dit quand j'ai voulu remercier les profs et le lycée ! »

Je revois Michaël, le visage radieux, conversant avec un inspecteur général et historien. Il évoque ce moment comme un grand souvenir : « Les historiens, des directeurs, ça fait un choc et c'est un honneur ! Voir le monde qu'il y avait, c'était impressionnant : ils sont venus nous voir nous, et pas les profs ! J'ai montré à un historien mon cahier pour lui montrer ce qu'on avait fait avec nos profs, il était intéressé, d'habitude ces gens-là vont voir ceux qui sont en L ou en S. C'était la première fois que je parlais à une personne que j'ai vouvoyée sans y penser, spontanément, sans réfléchir : c'est parce qu'il a commencé à me dire "vous", et je me suis dit "Mince, faut que je fasse pareil !" Ça faisait bizarre, car j'étais une personne comme eux ! C'était la première fois et c'est kiffant ! C'est excellent même ! J'aimerais être prof de sport ou historien ! »

Je revois aussi Hugo, avec son allure dégingandée et son air étonné d'être là, confier : « Quand je me vois discuter avec les gens importants, je suis heureux d'être arrivé là : je me dis que j'ai remonté la pente et je suis rassuré. Je n'ai pas fini, mais je suis confiant pour le bac : la vie elle peut changer, tout n'est pas fichu ! Quand j'ai un coup de mou, je repense à tout ça pour me redonner du courage, car à l'heure d'aujourd'hui j'en suis là ! »

La récompense honorifique suprême est l'invitation à rencontrer le président de la République, venu inaugurer le monument aux héros de l'Armée noire qui avait été érigé en 1924, détruit en 1940 et reproduit en 2013. Mais il leur faut subir une journée complète d'étude sur l'histoire de ce monument et sur celle des tirailleurs sénégalais ! Les explications sont extrêmement pointues : comment ces jeunes élèves de CAP – certains au lycée depuis deux mois – tiennent-ils une journée entière assis à écouter un discours qui, dans les détails, les dépasse ? Les anciens tirailleurs présents forcent leur respect, mais nous sommes étonnés par leur sérieux sans faille !

La cérémonie de commémoration de l'Armée noire a été longue et fatigante, faite de contrôles de sécurité et d'attentes ! Ils ont tous été exemplaires : pas un chahut, pas une plainte. Hugo, harcelé et un temps déscolarisé, inscrit en mission de lutte contre le décrochage scolaire puis affecté en CAP maintenance des matériels de parcs et jardins, nous avoue, dans le bus du retour : « On a attendu avec tous les invités : proviseurs, chefs, rectrice, profs... je n'étais pas parti pour voir ce monde-là ! Pour moi, les cours, c'était se lever, remplir des cahiers et rentrer se coucher. Je pensais que j'étais dans une classe de zouaves et de fainéants, comme toujours. »

Et ils ont vu le président, lui ont serré la main et ont pris une photo ! L'essentiel était-il d'être là ou de partager ce moment exceptionnel avec tous ces gens dont ils devinaient l'importance ? Marie est heureuse : « Je ne pensais pas faire ça en CAP : voir le président. C'est cool ma vie en fait ! »

Le 30 novembre est le moment fort du projet Voix de Mémoire pour les élèves : c'est le jour de la cérémonie de commémoration de l'armistice et d'inauguration de l'espace centenaire. Leurs voix vont résonner devant un public important : membres du Souvenir français, porte-drapeaux (dont le père d'une élève), parents, représentants de la Mission du centenaire, de la région, du rectorat, de la mairie... Notre proviseure donne à ce rendez-vous toute l'ampleur et la solennité d'un hommage officiel.

Pour chaque vie retracée, les élèves ont agi en historien, identifiant les premiers éléments sur le site de Mémoire des hommes, puis recoupant avec des recherches sur les régions d'origine, les métiers, les accents, les patois, les familles... Pour chaque poilu, ils ont imaginé un masque symbolisant leur hommage. Pour chaque soldat, ils se sont aussi beaucoup entraînés à dire leur texte, car l'éloquence n'est pas leur fort et ils savent bien qu'ils ne finissent pas souvent leurs phrases ou ne mettent pas toujours d'article devant les noms ! Quatre seulement ne vont pas monter sur l'estrade, peut-être surtout parce qu'ils n'ont pas autant travaillé que les autres.

Simon est le premier à entrer en scène, il est concentré et ses efforts pour ne pas craquer sont visibles. Poings serrés, il respecte à la lettre toutes les consignes données aux répétitions (appuyer sur tel mot, ne pas avaler tel autre !) et j'aperçois le sourire de son AESH (une accompagnatrice d'élève en situation de handicap suit Simon dans les cours pour l'aider face à ses troubles des apprentissages et à sa très grande fatigabilité). Qu'a-t-il ressenti ? « Je me suis dit : je l'ai fait, ça donne des émotions !, confie-t-il ensuite. C'est agréable de parler en public : c'est la première fois que des gens m'écoutent quand je parle et me regardent en pensant que j'ai du courage. Je me suis senti responsable. »

Les élèves de terminale avaient préparé un discours en hommage aux grands hommes de la paix étudiés en littérature et en histoire : Jaurès, Voltaire, Hugo, Briand... que de noms célèbres qui impressionnent les jeunes de CAP ! De quoi donner le trac à Simon : « En arrivant en CAP, je me suis demandé si j'étais à la hauteur, c'est une grande classe de lycée difficile : j'ai l'impression d'être dans une classe supérieure à mon niveau. Je pensais que je n'étais pas prêt à cette situation ! Nous on pense qu'on ne sait rien faire et surtout qu'on ne sait pas écrire... »

Les jeunes et les anciens se sont bien complétés, les premiers avec leur émotion de faire vivre un disparu de la guerre, les seconds s'essayant à l'argumentation. Toutes les voix ont été dignes pour rendre hommage à la paix, au soldat Bardet, maçon de la Creuse, au tirailleur algérien Djerad, au sapeur mineur Bordas ou encore au lieutenant Charpin, journaliste en Provence. Tout le lycée a participé : la chaudronnerie, la peinture, la carrosserie, la mécanique les ont soutenus ! Sonnerie aux morts, minute de silence, dépôt de gerbe, discours élogieux de la proviseure, *Marseillaise* collective, communion de tous dans la commémoration : officiels, parents, élèves, enseignants.

« C'était la première fois que je participais et même assistais à une cérémonie de commémoration, je ne savais pas à quoi ça servait, et c'était aussi la première fois que je voyais autant de gens pour un hommage ! », glisse Marie.

Témoignages d'élèves

Nous sommes émerveillés de ces changements en eux ! Nous devinons qu'il y a eu pour eux quelque chose de plus important que la compréhension du monde ; il nous semble qu'ils reçoivent aussi toutes les promesses de leur CAP, de leurs études et de leur avenir, comme si leur participation même au monde et leur appartenance à la société s'étaient révélées à eux ! C'est ce qu'ils nous ont dit à leur façon, avec leur joie d'être là.

Marie avoue : « Quand on arrive en CAP, on pense que c'est une classe pourrie où on ne va rien apprendre et où ce sera le chahut. Je ne prenais pas ça au sérieux ! » Hugo analyse : « L'image des élèves aujourd'hui elle n'est pas top à la télé, il n'y a que des racailles ! Alors je pensais que j'allais échouer partout. Les gens ils sont venus voir ce qu'on était capable de faire en CAP et je suis heureux. »

Michaël, lui, n'en revient pas : « Ma mère elle dit que c'est grâce aux profs que je me suis accroché, mais moi je savais qu'il fallait que je m'applique ! J'étais en Segpa, et maintenant je prends une photo avec un historien ! » Marie, plus concrète, revient à ses cours de la semaine : « J'ai envie de travailler car, finalement, c'est une vraie classe avec des vraies études ! Maintenant, c'est moi qui fais taire les autres élèves, parce que cela ne sert à rien de ne pas prendre les cours au sérieux. Les profs, je pensais qu'ils faisaient leurs cours mais qu'ils s'en fichaient du reste, maintenant j'ai compris qu'ils sont là pour nous et qu'il ne faut pas gâcher ça. Je n'aime plus le bazar en classe. »

Marie, Baran, Hugo, Mehdi, Simon, Michaël et tous les autres, nos élèves du lycée professionnel, c'est votre rencontre sincère, rugueuse parfois, sensible et toujours profonde, qui nous rend capables, nous, vos enseignants, d'audaces professionnelles ambitieuses pour déjouer vos autodiagnostics négatifs et vos pronostics d'échec.

Faire vivre les valeurs de la République en classe plutôt que de les proclamer

Mohand-Kamel Chabane [1]

Au collège Gustave-Flaubert à Paris, la rencontre organisée entre des élèves et Lassana Bathily, le « héros de l'Hyper Cacher », a permis de donner corps aux valeurs de la République.

Quelle transmission des valeurs et des principes de la République à l'école ? La question se pose après l'assassinat de notre collègue Samuel Paty, le vendredi 16 octobre, au motif qu'il avait, selon une rumeur, montré à ses élèves des caricatures du prophète Mahomet. Ce crime odieux a causé un choc sans précédent chez les enseignants.

Disons-le d'emblée, plutôt que de proclamer nos valeurs républicaines à longueur de journée, il est essentiel de nous demander comment les faire vivre réellement, et comment, au quotidien, elles peuvent être transmises en classe. Devant les défis qui sont les nôtres, l'incantation ne suffit pas. C'est faire adhérer les élèves qui compte pour l'école. Et ne pas leur présenter des idées toutes faites dont ils ne comprendraient pas le sens, si elles sont rabâchées, ou pire, qu'ils pourraient rejeter si cet enseignement se fait de manière mécanique et sans âme.

C'est précisément ce que nous avons voulu faire en recevant Lassana Bathily au collège Gustave-Flaubert, à Paris, le vendredi

1. Mohand-Kamel Chabane est enseignant en histoire-géographie au collège Gustave-Flaubert à Paris. Ce texte a été publié dans *Le Monde* le 3 novembre 2020.

2 octobre, peu avant ce drame. Le « héros de l'Hyper Cacher », comme il a parfois été surnommé bien malgré lui, a apporté son témoignage devant des élèves de troisième. Cette discussion s'est faite dans le cadre d'un cours d'enseignement moral et civique.

La venue de témoins est une pratique que nous connaissons, enseignants et élèves, notamment lors des cours d'histoire : nous avons déjà fait venir une survivante d'Auschwitz et un résistant, nous avons également sollicité des témoins pour travailler sur la colonisation et la guerre d'Algérie. À chaque fois, les mêmes objectifs : réfléchir et donner à voir les valeurs et les principes de la République (laïcité, citoyenneté, nationalité, fraternité...), dire l'histoire pour construire un passé commun et relancer la compréhension, la tolérance, et la cohésion nationale et sociale entre des jeunes venant d'horizons sociaux, économiques, culturels et religieux très variés.

Au cœur des valeurs

Ce 2 octobre 2020, Lassana Bathily explique donc pendant deux heures aux collégiens, bouche bée, comment et pourquoi, le 9 janvier 2015, lors de la prise d'otages à l'Hyper Cacher, où il travaillait, il a fait preuve d'un sang-froid exceptionnel en venant en aide à des clients. Il raconte comment il a risqué sa vie en cachant ces derniers et de quelle manière il a pu, après avoir quitté le magasin, fournir de précieuses informations aux policiers avant leur assaut. Il souligne que ces personnes étaient pour lui avant tout des êtres humains en danger, au-delà de leur sexe, de leur origine et de leur religion. L'humanité, précise-t-il, passe avant toutes autres considérations, y compris religieuses.

Ainsi, face aux élèves, racontant avec modestie son histoire, il va bien au-delà des discours formels sur les valeurs et les incantations à la fraternité : il l'incarne. À travers un discours rassembleur et tolérant, il insiste sur le sens de son engagement, un engagement marqué par son attachement aux valeurs de la République.

Nous sommes donc au cœur des valeurs. Au cœur de la question religieuse aussi. Je vois dans les yeux de mes élèves, malgré les masques, leur étonnement lorsque Lassana Bathily insiste sur ses rapports totalement fraternels avec les autres membres du personnel, lui l'Africain musulman, eux les Juifs. Jamais aucun problème ? Pas de débats religieux entre eux ? Je les vois silencieux et songeurs face aux idées reçues, les leurs, les nôtres, sur une supposée haine tenace, historique, systématique, entre les deux religions. Lassana Bathily leur confirme ce que je leur avais déjà appris, à savoir que plusieurs Hyper Cacher de la région parisienne sont tenus par des musulmans, ce qui fait tomber une nouvelle idée reçue.

Au-delà des mots

Lassana Bathily disposait de son tapis et d'un lieu de prière dans la réserve où il travaillait. Il pouvait honorer ses obligations religieuses sans que personne ne lui en fasse la remarque. Si, pour lui, les questions religieuses doivent rester privées, il lui arrivait parfois d'en parler avec son collègue Yohan Cohen – la première victime d'Amedy Coulibaly –, « mon frère », comme il le présente aux élèves. Lassana Bathily s'étonnait qu'il dissimule les signes de son appartenance au judaïsme en couvrant sa kippa sous une casquette ou en retournant les sacs floqués de la marque de l'Hyper Cacher lorsqu'il quittait le magasin.

Son « pote » lui expliquait qu'il tentait ainsi de se préserver des agressions antisémites. Navré, Lassana Bathily lui disait calmement, comme à mes élèves : « On est en France dans un pays laïc dans lequel tout le monde doit se respecter. » Cette laïcité qui lui permet de voir le monde autrement. Cette laïcité dont il montre bien qu'elle n'est pas seulement un mot abstrait à apprendre en cours d'enseignement moral et civique. Le message passe, et avec lui semblent trembler un temps les fausses certitudes, celles qui peuvent être transmises soit par la famille, soit par les réseaux sociaux.

L'échange continue devant des élèves qui n'en perdent pas une miette. Lassana Bathily estime qu'il est heureux de vivre en France, pays dans lequel il a pu s'émanciper et profiter pleinement de l'application des valeurs de la République. Cela n'a pourtant pas toujours été facile car un certain nombre de personnes lui rappelaient qu'il était différent, tant d'un point de vue ethnique que religieux, comme s'il n'avait pas vocation à rester ici. Certains élèves s'identifient. Ils ne comprennent d'ailleurs pas son absence de ressentiment à l'égard des policiers du Raid qui, en janvier 2015, l'ont pris dans un premier temps pour un complice du terroriste.

Lassana Bathily explique alors comment il a rencontré, en France, des personnes au premier rang desquelles on trouve des enseignants, qui lui sont venues en aide, lui ont permis de sortir de son lycée diplômé, l'ont aidé alors qu'il avait reçu un ordre de reconduite à la frontière, et aussi à obtenir son premier titre de séjour.

Lui, le Malien devenu français, qui affirme sa religiosité, arrive en même temps à raconter et à personnifier la dignité et la volonté intégratrice. Il voit et parle de la France un peu comme les élèves qui l'écoutent. Alors ces derniers, qui sont parfois travaillés par des questions identitaires et religieuses, des doutes sur ce qu'ils sont, des blessures familiales, se projettent et posent une foule de questions sur la fraternité, la laïcité, l'égalité, la citoyenneté.

Face à cet homme, ils sont aussi déstabilisés, pour ne pas dire stupéfaits, par l'humilité de Lassana, déclaré héros par les médias, qui ne veut pas en être un, qui « ne se la raconte pas ». Qui a agi et se sentait citoyen bien avant d'acquérir la citoyenneté.

Les élèves ont adhéré au discours de Lassana Bathily qui incarnait en tout point ces valeurs de la République dont on parle plus que jamais depuis l'assassinat de Samuel Paty à Conflans-Sainte-Honorine (Yvelines). Multiplions en classe les témoignages de ce type, dont l'humanisme a, j'en suis sûr, véritablement le pouvoir de mettre tout le monde d'accord et de clarifier certains débats publics dans lesquels les élèves, du haut de leur adolescence, peuvent ne pas se retrouver.

Lumières sur la devise au fronton des écoles

Jean-Jacques Fito [1]

Au collège Vauban de Belfort, depuis 2012, un projet intitulé « Place de la République » invite les élèves à s'emparer chaque année d'un des trois grands principes de la devise de la République française, auxquels s'ajoute le principe de laïcité. Équipes et effectifs s'en trouvent renforcés.

Le jour tant attendu est enfin advenu, le jeudi 10 avril 2014. Sous un soleil radieux et dans une ambiance à la fois festive et bucolique, nous célébrons la Liberté au collège Vauban de Belfort, situé en zone d'éducation prioritaire.

Point d'orgue du projet conduit tout au long de l'année scolaire 2013-2014, an I du projet intitulé « Place de la République », la journée débute par la découverte des activités réalisées durant l'année par les élèves sur le thème du premier principe de notre devise.

Par petits groupes, les élèves empruntent leur « chemin de la Liberté », au sens propre puisque conformément à l'organisation choisie, ils ne sont pas directement accompagnés par un adulte. De salle en salle, nous les voyons apprécier la qualité des travaux réalisés par leurs camarades au sein des ateliers artistiques de danse, théâtre ou architecture et patrimoine, mais aussi au cours

1. Jean-Jacques Fito a été principal du collège Vauban de Belfort du 1er septembre 2011 au 30 août 2018. Ce texte a été publié dans *L'École des lettres* le 27 mars 2019.

des séances d'enseignement ou d'accompagnement éducatif. La musique, la danse, les arts graphiques, la poésie, l'histoire ou encore la philosophie sont à l'honneur.

L'après-midi, la célébration de la Liberté, placée sous l'égide des élus et des autorités représentant les corps constitués, prend une tonalité plus solennelle. Après les discours officiels et les ultimes mises en valeur des productions d'élèves, l'ensemble des personnalités invitées, les personnels et les quatre cent cinquante élèves présents participent à la plantation de l'arbre de la Liberté, chacun déposant une pelletée de terre. Le jeune et frêle tilleul financé par les parents d'élèves prend lentement terre et eau, au premier des quatre points cardinaux de la future place de la République du collège Vauban : Liberté, Égalité, Fraternité, Laïcité.

Sous les cocardes et les banderoles, un goûter « républicain » avait fini d'enjouer cette magnifique journée, sorte de fête de la Fédération à l'échelle de l'établissement.

À l'école, la République est à la fois le but et le moyen

Mais quel était le ferment de ce projet, que l'on ne qualifiait pas encore de citoyen ? La conviction que les valeurs et les principes de notre République sont universels, que la compréhension de leur puissance émancipatrice est accessible à tous et que le projet social qu'ils laissent entrevoir constitue le véritable territoire national commun, une force rassembleuse aux couleurs de justice et de paix, un levain de fraternité.

L'objectif était donc à la fois simple et ambitieux : un principe républicain – une année scolaire, placée sous sa lumière. Ainsi, durant les quatre années de collège, chaque élève serait amené à découvrir, à analyser et à s'approprier les diverses dimensions impliquées par la mise en œuvre des valeurs de notre devise.

Nous ignorions alors que neuf mois plus tard, le jeudi 8 janvier 2015 exactement, nous nous rassemblerions autour de ce même arbre symbole pour observer une minute de silence à la mémoire des dessinateurs, des journalistes et des autres victimes de l'attentat contre *Charlie Hebdo*. Dans l'air glacial de cette matinée de sépulcre, nos consciences affligées se voyaient soudain rappeler cette vérité dont nous nous pensions hors d'atteinte : la barbarie, portée par le fanatisme, peut rejaillir à tout moment dès que les conditions de l'histoire le lui permettent.

Et cependant, malgré le chagrin et l'effroi qui nous étreignaient, nous entrevîmes comme une lueur d'espoir dans l'attitude exemplaire, empreinte de gravité et de dignité, dont l'ensemble des élèves fit preuve en cet instant d'émotion communément partagée. Elle témoignait avec la force de l'évidence de leur profonde compréhension des enjeux de ce qu'il venait d'advenir, de ce qui avait été précisément pris pour cible et frappé par ces attaques meurtrières. Comment ne pas percevoir alors que le travail réalisé tout au long de l'année précédente avait porté ses fruits et comme préparé nos élèves à faire front face à cette sinistre actualité ?

Nous comprîmes alors qu'à l'école, plus encore qu'ailleurs, la République est à la fois le but et le moyen. Affermis dans nos convictions, nous avons donc poursuivi notre démarche avec les valeurs et les principes suivants de notre devise : l'Égalité en 2014-2015, la Fraternité en 2015-2016 ; la Laïcité en 2016-2017. Puis, forte de ce premier constat d'efficacité et d'adhésion de tous, l'équipe pédagogique fit le choix d'initier un nouveau cycle en 2018.

Territoire de dignité

Le collège Vauban regroupe les élèves issus de dix écoles primaires : deux situées en zone d'éducation prioritaire, sept dans les villages de la ceinture périurbaine de Belfort et une en centre-ville. La structure pédagogique de l'établissement renforce encore cette diversité puisqu'elle inclut au sein des classes générales une section d'enseignement général et professionnel adaptée (Segpa), une unité pédagogique pour élèves allophones arrivants (Upé2A), une unité localisée pour l'inclusion scolaire, accueillant des enfants présentant des troubles des fonctions cognitives ou mentales (Ulis TFC), une section bilangue anglais-allemand et une section internationale américaine. *In fine*, les élèves relèvent de conditions scolaires et sociales, d'origines et de cultures si diverses qu'ils constituent une forme de condensat de la diversité de la population française. La place de la République à l'école n'est-elle pas d'abord celle en laquelle l'élève se reconnaît et se sent reconnu ?

Mais comment construire jour après jour cette République à l'école ? Comment répondre à l'hétérogénéité des besoins des élèves ? En articulant toutes nos politiques à cette fin. Multiplier et diversifier les approches a donné des résultats spectaculaires en matière de réussite des projets conduits et d'implication enthousiaste des élèves.

Ainsi, parce que *rien ne serait vrai en République si la justice venait à lui manquer*, toute notre énergie, notre intelligence professionnelle, furent vouées à la réduction de l'échec scolaire et à celle des écarts de performance entre les élèves issus des écoles situées en réseau d'éducation prioritaire et ceux issus des autres écoles du secteur. Éveiller et porter au plus haut l'ambition scolaire des élèves, exploiter toutes leurs potentialités, fut une exigence de chaque instant, envers soi-même comme envers les élèves et parfois leurs parents. Cela requiert de concilier créativité et audace dans la mise en œuvre des dispositifs de soutien scolaire mais aussi soin et rigueur dans leur application et dans le suivi des élèves, notamment de ceux qui ne se laissaient pas convaincre aisément au début de leur mise en œuvre.

Ce fut, par exemple, convaincre Louis-Victor, maladivement introverti, de s'inscrire à l'atelier théâtre de Juliette Prieur et le voir s'épanouir sur scène puis, peu à peu, gagner en assurance au sein de sa classe et valider son passage en seconde générale. Ou bien voir Aline, Nelly, Nora ou Zaq, tous élèves en grande difficulté inscrits en section « cinquième tremplin » de Séverine Soria, professeure de lettres mettant en œuvre une pédagogie active et innovante, reprendre tellement goût au français et à la littérature qu'ils comblent leurs lacunes et redécouvrent l'horizon de la réussite scolaire.

Il fallait voir Tom, Safa et Eva, élèves en cinquième, réaliser, à l'instar de tous les élèves de Benoît Didier cette année-là, au moyen de l'application Lucidpress et selon la méthode de travail coopératif « puzzle », les magnifiques brochures de l'égalité, dont la qualité d'édition a laissé les visiteurs émerveillés. Ou encore Laurent Desplancques intégrant les élèves de Segpa volontaires à son atelier de philosophie. Il fut si prisé par les élèves que certains ont continué de le fréquenter après leur départ pour le lycée.

Territoire d'engagement et d'espérance : parce que chaque élève compte

Au quotidien, cela revient à œuvrer sans relâche à la transmission du goût de l'effort et de l'amour du travail bien fait, à susciter l'expression des élèves, des personnels, et à favoriser l'éclosion de leurs talents, dans leur diversité. Cela consiste aussi à leur prodiguer, sans répit, soutien, accompagnement, encouragements, et à ne jamais oublier, surtout quand tout semble aller pour le mieux, que si comprendre produit souvent un plaisir, apprendre requiert toujours un effort.

Mais il me semble que ce qui fit surtout la force de notre action, ce fut l'application la plus large possible d'un principe de coopération entre les professeurs, les autres personnels, les élèves et leurs parents, avec les structures partenaires, les collectivités ou nos tutelles, car l'échec scolaire se nourrit surtout des espaces laissés vacants et muets entre tous les acteurs de l'école. Chacun apprend de l'autre et tous ont besoin des compétences et du soutien de chacun[2].

2. Je veux remercier ici Évelyne Dolard-Savonitto et Élisabeth Clamme, en charge de l'éducation au Conseil départemental du Territoire de Belfort, ainsi que ses présidents successifs, Yves Ackermann et Florian Bouquet, Patrick Mellon et Eugène Krantz, inspecteurs d'académie, et Dasen (directeur académique des services de l'Éducation nationale) du Territoire de Belfort dont le soutien fut indispensable.

Incidemment, nous avons mesuré à quel point la cohésion dont nous faisions preuve en toutes circonstances nous conférait un pouvoir d'action quasi irrépressible auprès des élèves. Aujourd'hui, plus que jamais, nous sommes unis face aux objectifs, unis quant à la définition des moyens de les atteindre et solidaires dans l'effort à réaliser, chacun prenant toute sa part, selon ses missions et ses talents propres.

Au-delà de la merveilleuse expérience professionnelle et humaine que les élèves et les personnels du collège Vauban m'ont permis de partager à leurs côtés, mes considérations sur les finalités de l'école, *a fortiori* dans la situation de crise aiguë des institutions, voire de péril démocratique que notre pays traverse actuellement, ont fermement forgé la conviction suivante : le rôle de l'école ne peut plus se limiter à la seule transmission des savoirs, aussi essentielle soit-elle. Il lui revient aussi de transmettre à ses enfants les valeurs et les principes sur lesquels se fonde le projet républicain. Hier, comme aujourd'hui, l'unique matrice de la société de demain, c'est l'école.

Pour cela, auprès des élèves et par l'action de chacun de ses personnels, l'école se doit d'incarner la république et ses valeurs. Elle ne peut donc se satisfaire de son niveau de performance actuel ni se résoudre à accepter que les déterminismes sociaux influent autant sur la réussite scolaire, l'épanouissement des potentialités individuelles et l'intégration professionnelle de ses élèves ou étudiants. Si la république est encore à l'état de projet et que, par sa nature, il en sera toujours ainsi, affirmons-le, fortifions la souche, et impliquons progressivement nos élèves, demain citoyens responsables, dans l'accomplissement de son perpétuel avenir.

Territoire de reconnaissance

Quand en 2012, nous avons imaginé le projet « Place de la République », de nombreux parents cherchaient à éviter l'établissement. De façon parfaitement injuste au regard de la qualité de l'engagement et de la créativité de son équipe, l'image du collège Vauban était si dégradée qu'il n'accueillait que 55 % de son effectif potentiel. C'est parfois un effet négatif de l'affichage REP.

Sept ans plus tard, les résultats dépassèrent toutes nos espérances. 450 élèves avaient fait la rentrée 2011 au collège Vauban, ils étaient plus de 700 à s'y inscrire en septembre 2018 et l'établissement ne parvenait plus à accueillir toutes les demandes d'inscription tant l'espace manquait désormais, malgré les perspectives d'agrandissement et le retrait en 2017 d'une école de la carte du secteur de recrutement. Les indicateurs de performance scolaire étaient à l'avenant, solidement ancrés à des niveaux bien supérieurs aux valeurs attendues et aux moyennes académiques REP ou hors REP.

Ce projet nous a donné de vivre de nombreux moments mémorables, telle la remise du prix national Jean-Zay par madame la ministre de l'Éducation nationale en juin 2016. Une belle délégation du collège avait fait le chemin et c'est avec une émotion poignante que j'entends encore, au cœur de la crypte du Panthéon, la voix si tendre d'Hélène Mouchard-Zay narrer la vie et l'œuvre de son père, quelques minutes avant cette cérémonie. La véritable histoire de la république, la rude, celle qui s'apparente au tragique combat qu'un être choisit de livrer sans réserve pour d'autres, en ces instants lumineux nous en avions alors intimement ressenti toute la grandeur. De quelle plus belle marque de reconnaissance aurions-nous pu rêver ?

Valoriser le mérite et les réussites, reconnaître l'engagement de tous et le travail accompli au travers de cérémonies associant les parents et nos nombreux partenaires ont constitué un rituel plébiscité par les élèves. Ces temps de rassemblement réguliers sont autant de balises nécessaires, qui forment comme une scansion soutenant la vitalité de la vie scolaire.

Alors, le temps de ces quelques parenthèses, il est utile de se rappeler le sens de notre action, de contempler ensemble l'horizon toujours lointain de notre projet et de mesurer tout ce qui nous rattache au *bien public le plus précieux* : la puissance émancipatrice de l'école au service d'une république en laquelle chacun trouve sa place et se reconnaît[3].

---

3. La place manquait pour citer l'ensemble des personnels et tous ceux qui ont contribué à cette réussite, qu'ils soient remerciés pour leur compréhension. Après sept années d'heureux services, j'ai quitté en août 2018 le poste de principal du collège Vauban. Je reste le débiteur de sa merveilleuse équipe, qui m'a tant appris et tant donné. Je sais que le navire poursuit sa belle route sous la direction d'un autre capitaine privilégié.

Le lycée ou l'expérience de la citoyenneté

Caroline Latournerie et Marguerite Graff [1]

Caroline Latournerie et Marguerite Graff, professeures d'histoire-géographie, témoignent des débats stimulants sur la laïcité mis en place au lycée Auguste-Renoir d'Asnières-sur-Seine après les attentats de janvier 2015.

La question de la place de la religion à l'école et celle de la laïcité dans la société française sont toujours vives. Engagées comme nombre d'enseignants sur ces questions, « en première ligne », comme dirait un discours guerrier à la mode, il nous semble important de mettre en lumière ce que l'école peut faire et fait au quotidien en la matière, loin des discours caricaturaux.

Les attentats de 2015 contre *Charlie Hebdo* et contre l'Hyper Cacher nous ont convaincues d'entamer un travail de fond sur l'indispensable enseignement laïque des faits religieux à l'école ; depuis, nous organisons régulièrement de vastes réflexions collectives sur la religion et la laïcité au lycée Auguste-Renoir à Asnières-sur-Seine (Hauts-de-Seine). La dernière a eu lieu peu avant le premier confinement de 2020.

1. Caroline Latournerie et Marguerite Graff sont professeures d'histoire-géographie au lycée Auguste-Renoir d'Asnières-sur-Seine dans les Hauts-de-Seine. Ce texte a été publié dans *Le Monde* le 22 septembre 2020.

Ligne de crête

C'est le grand jour au lycée : cette rencontre a été préparée depuis plusieurs mois avec enthousiasme, mais sur une ligne de crête. L'amphithéâtre est bondé. Il manque très peu d'élèves à l'appel sur les quatre classes de terminale conviées. D'un regard, nous constatons qu'une de nos élèves, Imane, est bien là et cela nous réjouit : défendant des positions très rigides sur la place des femmes, elle nous avait confié : « Je ne viendrai pas, j'ai peur que les invitées me fassent changer d'avis. »

Depuis de longs mois, dans leurs cours d'éducation morale et civique, les élèves ont réfléchi à l'un des piliers fondamentaux des sociétés démocratiques : la reconnaissance du pluralisme des croyances. C'est dans ce cadre qu'ils vont questionner la place des femmes dans les grands monothéismes.

Face à eux, trois femmes vont témoigner, réunies grâce à l'association Les Voix de la paix : Kahina Bahloul, l'une des trois femmes imames en France ; Pauline Bebe, première femme devenue rabbin en Europe continentale ; et Martine Pretceille, membre d'une loge maçonnique. Une théologienne catholique a dû renoncer au dernier moment pour raison de santé.

Les élèves n'ont pas conscience du caractère inédit de cette table ronde, la première du genre à se tenir dans un établissement public. Leurs interrogations et réflexions sont nourries et denses. Du fond de l'auditorium, l'un d'eux se lève et affirme, non sans une certaine provocation : « L'imamat féminin est une innovation religieuse, or toute innovation religieuse est interdite dans un hadith, donc l'imamat féminin ne peut pas exister. » Il reçoit les applaudissements appuyés d'une partie de ses camarades.

Sans se départir de son calme, madame Bahloul décompose cette double affirmation et le syllogisme du jeune homme. « Quelles sont vos sources ? – Twitter », répond-il. Elle l'amène sur un autre terrain, mentionne et confronte des textes anciens, qu'elle cite en arabe. Elle évoque l'existence d'une femme méconnue, Umm Waraqa, désignée, selon la tradition, par le prophète pour prêcher devant un public mixte au VIIe siècle. L'imame réintroduit la rigueur scientifique comme postulat de toute réflexion sur la religion.

La force des textes est leur polysémie

Les élèves apprécient, même s'ils ne changeront pas forcément tous d'opinion. Ils lui demandent : « Comment vous êtes-vous imposée à une place qui était traditionnellement réservée aux hommes ? » « Imposer » n'est pas le bon mot, rectifie madame Bahloul. Au sein de la mosquée Fatima, elle propose mais n'impose rien. Pauline Bebe rebondit : « J'ai choisi d'être rabbin, pas d'être femme rabbin. » Toutes les semaines viennent dans sa synagogue des gens hostiles au rabbinat féminin. En l'espace de deux heures, elle voit leurs visages se transformer. Ce n'est plus la différence sexuelle qui vient à leur esprit comme unique information, c'est la compétence. C'est ainsi qu'on quitte un préjugé frappant un sexe.

Sans se sentir heurtés, les élèves de terminale reconnaissent et respectent la légitimité que confèrent la compétence et la connaissance. Sa compétence, Kahina Bahloul l'utilise pour battre le fer avec certains élèves.

Les témoins du matin expliquent combien il est facile de transformer le texte sacré originel pour le « courber à nos propres préjugés », selon la jolie expression de Pauline Bebe. Or « la force des textes est leur polysémie », se félicite la franc-maçonne Martine Pretceille. « Les hommes et les femmes sont souvent cités à égalité dans le Coran, qui leur reconnaît les mêmes capacités de discernement, donc l'égalité réelle », ajoute Kahina Bahloul.

Autre question : « Peut-on moderniser une religion ? » Les trois interlocutrices répondent unanimement : « Oui, et cela est plus que souhaitable ! » Ce qui trouble beaucoup les élèves. Pour eux, la religion est immuable et source de vérités indiscutables. Or, les religions ont toujours évolué en fonction des avancées sociales, des lieux et des sociétés où elles s'implantent. « L'égalité homme-femme, c'est une idée nouvelle et c'est une idée qui est bonne ! L'ancien n'a pas l'apanage du vrai ou du bien. », réagit Pauline Bebe.

Le risque de l'inconfort

Trois femmes érudites parlent aux élèves de l'effort nécessaire de contextualisation et d'exégèse. Chacune se livre à cœur ouvert, dévoilant la profondeur de ses choix et le rôle, porteur ou non, de sa famille dans sa vocation. Leur sincérité séduit et captive rapidement l'auditoire.

Que cachent les applaudissements d'une partie de celui-ci sur la question de l'imamat féminin, et la gêne ressentie par les autres ? Il est complexe de faire le tri entre ce qui relève de la posture adolescente, de la place dévolue à certains élèves dans le groupe, de la fanfaronnade et des convictions profondes. Pour certains, il s'agit bien, comme le rappelait Amin Maalouf dans son essai *Les Identités meurtrières*[2], d'affirmer une identité et de brandir une loyauté qui tiraille.

À notre place d'enseignantes, nous avançons sur une corde raide car notre objectif n'est pas de venir sur le terrain des convictions religieuses des élèves. « Vous ne toucherez jamais avec trop de scrupule à cette chose délicate et sacrée, qui est la conscience de l'enfant », mettait en garde Jules Ferry dans sa *Lettre aux instituteurs* de 1883. Aujourd'hui, la très grande majorité des élèves a accepté de prendre un risque : celui d'être exposée à l'inconfort, d'être bousculée dans ses certitudes.

À l'issue de cette rencontre, nous les invitons à partager leur ressenti. « Je trouve ça bien qu'ici on puisse confronter des avis, et même en changer. Créer un débat et apprendre des autres. J'ai compris par exemple qu'il y avait des malentendus sur l'interprétation des versets qui parlent du voile. Je ne savais pas... »,

2. *Op. cit.*

convient Rayan. « Ce genre de rencontre est utile, surtout dans un lycée aussi mixte que le nôtre, il ne faut pas en avoir peur », estime Nina.

C'est ce que nous aimons par-dessus tout dans notre métier : les voir accéder à une pensée plus nuancée, plus complexe, les mener au milieu du gué pour qu'ils vivent l'expérience du libre arbitre, en étant à leur côté, attentives et optimistes.

Ilan Halimi : une figure pour déconstruire les préjugés racistes

Clément Huguet[1]

Avec une classe de troisième, Clément Huguet a initié un travail autour de la mémoire d'Ilan Halimi. Aboutissant à une exposition itinérante assortie de visites guidées menées par les élèves, ce projet a permis de déconstruire les préjugés racistes, de travailler la prise de parole en public et la transmission par les pairs.

Le 13 février 2019, les premiers élèves de troisième ayant participé au projet « Convoi 77 », initié au collège Michel-Richard-Delalande (REP) à Athis-Mons (Essonne), recevaient le prix Ilan Halimi du département de l'Essonne. Cette distinction venait récompenser leur travail d'écriture réalisé autour de l'histoire d'enfants français et juifs victimes de la Shoah. C'est à l'occasion d'une séance de préparation à la cérémonie de remise du prix qu'une question a fusé dans la classe, presque instantanément et de manière totalement spontanée : « Mais, c'est qui Ilan Halimi, en fait ? »

Une discussion s'est alors engagée, et nous avons rapidement constaté qu'aucun ne connaissait son histoire. Aucun n'en avait jamais entendu parler.

1. Clément Huguet est professeur d'histoire-géographie au collège Michel-Richard-Delalande à Athis-Mons. Ce texte a été publié dans *L'École des lettres* le 19 juillet 2021.

Ils étaient tous très jeunes lors des terribles vingt-quatre jours de janvier et février 2006 au cours desquels ce jeune homme de vingt-trois ans a été enlevé, séquestré, torturé et laissé pour mort le long des voies de chemin de fer à Sainte-Geneviève-des-Bois (Essonne) parce qu'il était juif.

La richesse des discussions qui se sont alors déroulées en classe, leur envie de comprendre les ressorts de ce crime antisémite et leurs réactions indignées et pleines d'humanité, nous ont encouragés à imaginer, pour l'année scolaire suivante, un travail autour de l'histoire d'Ilan Halimi avec une nouvelle classe de troisième.

« Comment raconter cette histoire avec nos propres mots ? »

C'est ainsi qu'à partir de la rentrée de septembre 2019, un projet dédié à cette histoire a commencé avec les élèves de 3e 2. Très vite, l'idée d'imaginer et de créer une exposition itinérante s'est imposée afin que chacun puisse s'exprimer à travers des productions différentes. En effet, nous avons souhaité que ce travail permette de raconter l'histoire d'Ilan tout en suscitant une réflexion sur le caractère antisémite de ce crime. Il nous semblait aussi nécessaire qu'il comporte à la fois une analyse du traitement médiatique des faits et des productions permettant d'exprimer les émotions éprouvées et verbalisées par chacun au cours du projet.

Si nous n'avons pas souhaité aborder avec nos élèves ce crime raciste et ses ressorts à travers le prisme de l'émotion, la découverte de cette histoire a créé une réflexion intellectuelle, mais aussi un choc émotionnel auquel il fallait faire une place.

Niamé, une élève de la classe, l'a clairement formulé en fin d'année scolaire : « En découvrant l'histoire d'Ilan, on était tous submergés par les émotions et on ne savait pas comment les exprimer. Je me demandais comment raconter cette histoire avec nos propres mots. »

Progressivement, les questions, les réflexions et les idées se sont bousculées mais, loin de constituer une quelconque difficulté, elles sont venues, au contraire, enrichir le projet imaginé initialement.

Après quelques premières séances de réflexion, nous avons surtout compris qu'il était nécessaire de donner du temps aux élèves afin qu'ils s'approprient pleinement ce travail et trouvent les mots justes pour raconter.

Ainsi, après plusieurs séances de travail réalisées en présence de l'écrivaine Émilie Frèche, les élèves ont imaginé une bande dessinée pour raconter l'histoire d'Ilan, ils ont écrit une lettre adressée à Ruth, sa maman, ils ont réalisé des dessins, des collages d'articles de presse issus d'un travail d'analyse et de déconstruction du traitement médiatique des faits, des acrostiches et des calligrammes.

« Je souhaitais transmettre l'histoire d'Ilan »

Les productions ont ensuite été rassemblées et imprimées en grand format sur six panneaux autoportants mesurant chacun deux mètres de haut et formant, conjointement, une exposition itinérante.

Celle-ci a été inaugurée au collège les soirs des 20 et 21 janvier 2020, en présence d'élus, de membres de la communauté éducative, de représentants des autorités académiques, de parents et d'autres élèves.

Terriblement stressés par l'exercice, mais totalement engagés dans l'épreuve, les élèves ont présenté leur travail avec brio et ont fait preuve d'une exceptionnelle solidarité au sein du groupe. Longuement applaudis et chaleureusement félicités, nombreux sont ceux qui affichaient leur fierté avec un large sourire, un sentiment mêlé, pour quelques-uns, à une intense émotion que leurs yeux parfois humides laissaient transparaître. Cette inauguration a constitué un moment essentiel et majeur du projet.

Néanmoins, la production de l'exposition n'avait de sens que si elle permettait de transmettre l'histoire d'Ilan au plus grand nombre, tout en alertant sur les préjugés racistes et antisémites.

Elle n'avait de sens que si elle permettait de susciter des questions et des discussions, tout en créant du lien avec leurs camarades des autres classes du collège.

Nous avons donc formé les élèves afin qu'ils soient guides de l'exposition car nous pressentions toute la pertinence d'un travail d'éducation par les pairs en la matière. En réalité, l'expérience a dépassé, et de loin, toutes nos espérances.

C'est ainsi que, durant plusieurs semaines, nos élèves guides ont fait visiter l'exposition à toutes les classes du collège, de la sixième à la troisième (soit plus de 700 élèves), au cours d'un véritable marathon de plus de quarante heures de médiation. Organisés en binômes, ils y ont mis toute leur énergie en cherchant à raconter avec les mots justes et en ayant à cœur de répondre au mieux aux nombreuses questions soulevées par leur travail.

Le matin, avant que les cours ne commencent, ou dans le courant de la journée, lors des récréations, nous avons assisté à de magnifiques moments de solidarité, d'entraide et de camaraderie au cours desquels les élèves se retrouvaient autour de l'exposition pour s'encourager et se motiver pour les visites guidées. Les plus à l'aise à l'oral n'hésitaient pas à formuler des conseils personnalisés à ceux qui sentaient quelques fragilités dans leur présentation quand d'autres semblaient heureux de partager, tout simplement, leur expérience de guide.

Autour de cette exposition s'est donc aussi noué fermement ce lien si particulier entre les élèves de la classe, et tous se sont accordés à dire qu'en dépit des difficultés inhérentes à un tel exercice, cette expérience resterait « gravée dans leur mémoire ».

Prendre la parole en public et, *a fortiori*, devant d'autres élèves, n'avait pourtant rien d'évident. Certains ont même expliqué que cette expérience avait bouleversé leur rapport à la parole. Ainsi, pour Mohamed, qui se montrait assez timide et réservé en troisième, « le projet m'a permis de ne plus avoir peur de parler devant d'autres gens. Maintenant, je suis au lycée et j'aime parler et discuter avec les autres. Ça a changé ma façon de voir les choses ».

« Au début de l'année, je n'imaginais pas pouvoir prendre la parole en public pour présenter une exposition, a confié Youssra, une autre élève de la classe. Ce projet m'a beaucoup appris sur moi-même et sur le pouvoir de la parole. J'étais très stressée mais j'ai réussi car je souhaitais transmettre l'histoire d'Ilan et lutter contre les préjugés antisémites. »

Lutter contre la haine, déconstruire les préjugés

En prenant la parole devant leurs camarades, nos élèves ont aussi cherché à déconstruire les préjugés racistes et antisémites. Pour cela, ils se sont appuyés sur le stéréotype qui a conduit à l'enlèvement et à l'assassinat d'Ilan : pour ses bourreaux, parce qu'il était juif, il était, *de facto*, riche.

Les élèves sont remontés aux origines moyenâgeuses de ce préjugé et ils en ont analysé l'évolution autant que la permanence à travers les époques. Ainsi, au cours des visites guidées, ils ont déconstruit cette idée reçue en expliquant à leurs camarades son origine et son historicité. Les discussions qui en ont découlé ont été d'une grande richesse et nos élèves ont transmis un message de mobilisation contre toutes les formes de racisme. Ils ont aussi cherché à alerter sur la nécessité d'analyser les stéréotypes que chacun peut avoir en tête afin de ne pas se laisser enfermer dans une logique simpliste et caricaturale.

« Lors des visites guidées de l'exposition, j'ai pu échanger avec mes camarades des autres classes et j'ai constaté que l'histoire d'Ilan les avait intéressés, raconte Lylia, une élève de la classe. J'espère que notre message aura été entendu et que notre travail donnera envie à d'autres élèves de sensibiliser à la lutte contre le racisme. »

Cette question est devenue cruciale à mesure que nous avancions dans l'année. Pour cinq d'entre eux, la volonté de s'engager a été si forte qu'en pleine période de vacances d'hiver, le 13 février 2020, ils se sont rendus ensemble à Sainte-Geneviève-des-Bois afin de participer à la cérémonie d'hommage que la mairie organise tous les ans à la date à laquelle Ilan Halimi a été laissé pour mort le long des voies de chemin de fer.

Ariane a raconté son expérience des visites guidées de l'exposition en insistant sur le fait que « raconter et transmettre, c'est déjà lutter contre la haine ». Quant à Ilyès, il a évoqué la « nécessaire tolérance » et a dit sa « fierté » que le projet ait, de nouveau, remporté le prix Ilan Halimi que le département de l'Essonne a décerné à la classe le 6 février 2020 à Évry.

Cette expérience pédagogique démontre que l'éducation par les pairs constitue un levier intéressant et pertinent dans la déconstruction des préjugés racistes à l'école. Surtout, elle permet de mettre en avant l'engagement citoyen exceptionnel de collégiens de banlieue parisienne et rappelle toute la place qu'occupe l'école dans l'émergence d'un socle commun s'appuyant sur le refus inconditionnel de la négation d'autrui, à rebours de certains discours médiatiques ambiants.

5.

Parce qu'apprendre à bien parler, c'est maîtriser son destin

À l'heure où les réseaux sociaux et les portables sont omniprésents, l'appauvrissement de la langue chez les jeunes, en particulier chez ceux issus des quartiers populaires, est parfois une réalité. Élaborer une argumentation complexe, maîtriser les codes, maîtriser la langue légitime (celle qui permet la reconnaissance sociale et, partant de là, la non-disqualification), formuler ses pensées et ses ressentis, être capable de s'exprimer autrement que par la violence, sont les objectifs des enseignants qui témoignent dans ce chapitre.

Les élèves des quartiers populaires ont beaucoup à dire, pour peu qu'on les mette en situation de s'exprimer. À travers la mise en scène, le théâtre ou les projets d'éloquence, les témoignages qui suivent disent qu'il est possible de les embarquer à la conquête de la langue française socialement légitime. Cette langue qui n'est plus alors celle « des autres » mais qui devient aussi « la leur » comme une intégration sociale et y compris, bien sûr, pour ceux arrivés en France depuis peu de temps.

Les jolis mots, les belles tirades, l'art de déclamer, d'argumenter, le langage comme une arme, les élèves en sont capables, à condition d'écouter ce qu'ils ont à dire, de leur donner la parole, les entendre, et finalement les considérer comme des interlocuteurs valables. À force aussi de travail et de projets ambitieux.

La France des Belhoumi : raconter et jouer l'histoire d'une fratrie d'origine algérienne (partie I)

Stéphane Beaud [1]

Stéphane Beaud, sociologue, et Dominique Lurcel, directeur de la compagnie Passeurs de mémoires, interviennent dans les lycées sur l'histoire de l'immigration algérienne. Leur point d'appui : La France des Belhoumi [2], livre du premier adapté au théâtre par le second et dont les élèves s'emparent.

Le thème de la mobilité sociale étant au programme des classes de terminale ES, nous avons eu la chance – grâce à l'indéfectible soutien de nombreux professeurs de SES (sciences économiques et sociales) [3] – de présenter des conférences sur le livre *La France des Belhoumi* dans une quarantaine de lycées partout en France, entre 2018 et 2022. Ce livre retrace quarante années de l'histoire d'une fratrie de huit enfants d'une famille algérienne, à partir de son arrivée en France en 1977 dans un quartier HLM d'une petite ville

1. Stéphane Beaud est sociologue et professeur de science politique à Sciences Po Lille. Une première version de ce texte a été publiée dans *L'École des lettres* le 2 mai 2021.

2. Stéphane Beaud, *La France des Belhoumi. Portraits de famille (1977-2017)*, Paris, La Découverte, 2018.

3. Que nous tenons ici à remercier sincèrement et chaleureusement...

de province. Il met fortement en relief les disparités de destins scolaires et professionnels entre les cinq filles (devenues infirmières, assistantes sociales, cadres Pôle emploi ou mission locale donc membres des « classes moyennes ») et les trois garçons (restés ouvriers ou employés) qui la composent.

Notre intervention (PowerPoint à l'appui) devant des élèves de la série économique et sociale durait environ une heure et quart et était suivie d'un débat de trente minutes avec deux, trois ou quatre classes réunies pour l'occasion par leurs professeurs de sciences économiques et sociales (SES). Ce furent des moments riches, souvent émouvants (cf. *infra* quelques réactions écrites des élèves). Au terme de cette séance d'une heure quarante-cinq, un court questionnaire (une page *recto verso*) visant à recueillir en quelque sorte « à chaud » leurs impressions sur la conférence et les propos qui y avaient été tenus – notamment sur l'histoire de l'immigration en France et sur la spécificité de l'immigration algérienne – était distribué aux élèves. Ils le remplissaient sur place, « à la volée », mais ces petits textes écrits sur le vif, juste après la conférence et les échanges, revêtent le plus souvent une spontanéité et une liberté de ton qui en font de très beaux matériaux sociologiques.

Cette enquête sociologique incarnée par de « vraies personnes » offrait à notre public lycéen des figures d'identification (positives et négatives), ce qui avait pour effet de très vite libérer la parole pendant la demi-heure consacrée au débat. Afin d'illustrer ce processus d'une identification sociale à bien des égards apaisante ou libératrice pour certains élèves, nous nous appuierons sur quelques-unes de leurs réactions à nos interventions. Il s'agit presque toujours de filles, il faut le remarquer, qui ont ensuite écrit à leurs professeurs ou directement à moi.

L'identification

Notre première conférence a été décisive[4] : elle a eu lieu dans un lycée du Raincy, le 10 avril 2018, à l'invitation conjointe d'une professeure de SES (Sophie Roucolle) et d'une professeure d'allemand en classes préparatoires littéraires (Dominique Grimberg). Elle s'est déroulée devant plus d'une centaine d'élèves réunis, pour la circonstance, dans le réfectoire du lycée. Ce jour-là, les réactions des élèves ont été particulièrement vives et nombreuses, émanant notamment de la part des lycéens d'origine maghrébine résidant dans les cités de Montfermeil et de Clichy-sous-Bois. Nous n'avions malheureusement pas enregistré cette séance et nous n'avions pas encore mis au point la procédure du questionnaire. Pour en garder des traces, notamment les témoignages passionnés des élèves durant l'échange, nous avions alors demandé à leur professeur de SES de recueillir dans ses classes, peu après notre intervention, des écrits rédigés presque « à chaud ». En voici quelques extraits, à nos yeux, très significatifs :

> « Votre livre explore tout un monde oublié qu'on accable de tous les maux en France. Les immigrés sont souvent perçus comme une gêne, c'est pour cela qu'on les regroupe dans des endroits comme les cités. Je trouve formidable que vous racontiez l'histoire de cette famille algérienne en montrant les côtés positifs et leurs évolutions

4. Elle nous a donné tout de suite envie de multiplier ce type de conférences en lycée et de proposer une convention de recherche au CGET (Commissariat général à l'égalité des territoires) devenue ANCT (Agence nationale de cohésion des territoires). C'est ici l'occasion de remercier sincèrement Vincent Lena et Michel Didier d'avoir cru dans ce projet et de nous avoir fortement soutenus dans cette entreprise. Le contrat de recherche, qui a été porté par l'association Coup de soleil, a aussi permis le financement de la création de la pièce de théâtre *Passeports pour la liberté* (un dialogue entre Samira Belhoumi et Stéphane Beaud) par la compagnie Passeurs de mémoires dont le directeur est Dominique Lurcel.

dans ce monde rempli d'idées préconçues. J'ai beaucoup apprécié le passage sur Rachid, le fils aîné qui a réussi à s'en sortir grâce à ses sœurs qu'il cite comme étant les cinq branches d'une seule étoile [...]. Je pense que, si certaines avaient lu ce passage, cela leur aurait apporté de l'espoir (idéalisé peut-être ?)... » (Hafida, élève de seconde.)

« Cette matinée m'a beaucoup émue, j'ai découvert une autre facette des SES. J'ai envie de lire ce livre alors que je ne lis jamais. De plus, lorsqu'il a raconté une partie de l'histoire des Belhoumi, j'ai eu l'impression que j'avais les mêmes points communs que la famille Belhoumi. Ce n'est pas un secret que les filles réussissent mieux que les garçons. Pour mon cas, je suis la benjamine d'une famille de neuf frères et sœurs. Les garçons, ils ont fait un bac pro ou un bac général sans études supérieures. » (Mounia, élève de terminale.)

On pourrait multiplier ce type de citations d'élèves descendant(e)s d'immigrés, en particulier d'origine maghrébine ou subsaharienne. À leur lecture, on entrevoit aisément la force des logiques d'identification qui ont été à l'œuvre – pour eux et surtout pour elles... – lors de nos interventions. Pour ces lycéen(ne)s issu(e)s de l'immigration postcoloniale, ressort très nettement de leurs réactions écrites la forte impression qu'a produite sur eux et sur elles cette conférence qui a opéré comme un baume au cœur, une réparation, voire une réhabilitation par rapport à une actualité sociale et politique qui donne sans cesse le sentiment de maltraiter et abîmer cette population, fortement stigmatisée publiquement. D'où d'ailleurs un fait notable qui se produisait de manière récurrente à la fin de ces conférences : la fréquence des *remerciements*, adressés discrètement au conférencier (très souvent le sourire aux lèvres), à la sortie de la salle.

En revanche, il a été plus difficile de connaître la réception de ces mêmes interventions chez les lycéens n'ayant pas ces ascendances migratoires. Les élèves appartenant à ce que les concepteurs de la première enquête *Trajectoires et Origines* sur la diversité des populations en France (réalisée en 2008 par l'Institut national d'études démographiques) appellent le « groupe majoritaire » se sont peu manifestés lors des débats et sont restés sur la réserve, l'histoire des Belhoumi n'étant pas vraiment la leur...

De la révélation à la réprobation (polie)...

Certains élèves évoquaient dans leurs commentaires du questionnaire les connaissances nouvelles que leur avait apportées la conférence sur l'histoire des Belhoumi en France. C'était le cas, en particulier, de ceux qui avaient grandi dans des familles favorisées et qui, objectivement, étaient socialement très éloignés de ce type de famille immigrée algérienne habitant en cité HLM. Bon nombre d'entre eux tenaient à dire qu'ils découvraient, avec cette plongée singulière dans cette fratrie Belhoumi, un monde social qui leur était parfaitement inconnu, étranger et, pour tout dire, véritablement « exotique ».

Il a même pu y avoir chez certains d'entre eux un effet de choc, une forme de « révélation », comme en témoigne cette « Lettre à Stéphane Beaud » rédigée pour sa « prof de SES » par Fabien, un élève de parents français (classes moyennes) d'un établissement de grande banlieue parisienne, dont plus de la moitié des effectifs sont des enfants d'immigrés.

Voici ce qu'il a écrit : « Bonjour Stéphane Beaud, je suis un élève de première, un élève moyen dans une famille de classe moyenne. J'ai une vie plutôt monotone qui n'a rien à voir avec cette famille. Seulement, la famille Belhoumi m'a aidé à comprendre que ma petite routine dans mon monde à moi est un privilège. En effet, la vie de cette famille m'a persécuté [il a sans doute voulu dire « percuté »] et m'a donné un peu la haine, l'envie, la rage. La réussite pour moi après ce livre n'est plus une option. J'ai des parents qui m'aident, une chambre, un bureau, et j'ai même mon petit piano. Bien loin de la vie des quartiers, ou plutôt de celle de Samira [Belhoumi] qui travaille dans sa cuisine après avoir nettoyé. »

Parmi ces élèves du « groupe majoritaire », tous bien sûr n'ont pas été convaincus, encore moins « conquis », par nos propos sur l'immigration maghrébine en France et la mise au jour du destin éminemment contrasté de leurs enfants dans la société française, notamment faisant apparaître l'émergence d'une « classe moyenne » en leur sein. Quelques-uns de ces élèves dubitatifs vis-à-vis des propos du sociologue/conférencier ont quand même eu le courage de contester « le prof » en émettant des doutes sur la véracité de ses assertions relatives à cette question dite de l'« intégration » qui est en France, comme on le sait bien, très controversée politiquement. À ce propos, un fait très significatif : ces élèves – c'est d'ailleurs ici davantage des garçons que des filles – n'ont jamais exprimé à l'oral cette contestation mais ils l'ont fait seulement par écrit, à travers ces petites annotations de leur questionnaire (qui avait l'avantage d'être strictement anonyme). Ils manifestaient là leur désaccord *mezza voce*, en douceur, même si on sentait entre les lignes qu'ils devaient porter, dans leur vie quotidienne, un regard plus réprobateur sur certains élèves du groupe minoritaire (descendants d'immigrés maghrébins). On peut prendre ici exemple d'un commentaire un brin courroucé d'un élève de première ES d'un lycée de Lyon implanté dans une grande cité HLM :

> « Ressenti : c'était globalement correct, très animé de votre part, on sent que vous êtes impliqué. Reproche : ce que vous avez dit est certes correct, mais vous cédez un peu trop aux sentiments, il faut que vous ayez plus de recul lorsque vous évoquez les faits. Cordialement. »

Cette évocation trop partielle et rapide des réactions des lycéens à nos conférences sur la famille Belhoumi peut prendre place dans le cadre d'une sociologie de la réception des recherches des sociologues, qui reste malheureusement un parent pauvre des travaux des sociologues contemporains. Si on sait bien que les apports des sociologues et historiens sur des sujets aussi chauds que celui traité dans cet ouvrage n'auront jamais un impact équivalent à celui des prophétismes catastrophiques délivrés chaque jour dans certaines chaînes de télévision en continu, ils peuvent avoir comme vertu d'offrir des petites lignes de résistance et de doter peut-être les élèves d'une forme d'immunité par rapport aux simplismes, dangereux et réducteurs, qui ne cessent de circuler sur ces sujets dans l'espace public.

La France des Belhoumi : raconter et jouer l'histoire d'une fratrie d'origine algérienne (partie II)

Dominique Lurcel [1]

Parallèlement aux interventions de Stéphane Beaud dans les lycées, le metteur en scène Dominique Lurcel a mis en place et animé, avec des lycéens de Villeurbanne, un projet théâtral intitulé La France, les Belhoumi et nous [2].

On connaît les principaux acquis, apprentissages de savoir-faire et de savoir-être chez les adolescents, d'une pratique théâtrale exigeante, couronnée par au moins une restitution publique : concentration, écoute, énergie, confiance en soi, sens du collectif...

« Je ne pensais pas qu'il/elle était capable de faire ça ! » : c'est, on le sait, la réaction récurrente, attendue car entendue des centaines de fois, de la part des parents, des enseignants, des copains. Une phrase particulièrement gratifiante quand elle s'adresse à des

---

1. Dominique Lurcel est metteur en scène, directeur de la compagnie théâtrale Passeurs de mémoires. Une première version de ce texte a été publiée dans *L'École des lettres* le 2 mai 2021.

2. Ce projet, mené d'octobre 2018 à mai 2019, a mobilisé quatre classes, soit soixante-dix lycéens et lycéennes, de trois établissements de Villeurbanne, dont deux lycées professionnels, et a abouti à une représentation le 15 mai 2019 au Rize, centre culturel dédié à la mémoire ouvrière et pluriethnique de la ville. Pour plus d'informations, lire la postface à l'édition de poche de *La France des Belhoumi* (Paris, La Découverte, 2020) et le bilan du projet sur le site Passeursdememoires.com. Voir aussi le film qu'en a tiré l'équipe lyonnaise d'Acte Public Compagnie, *La France, les Belhoumi et nous* (2020).

jeunes sur qui pèsent des regards globalement dévalorisants, un peu désespérante aussi dans ce qu'elle dit de la superficialité – et de la permanence ! – de ces regards, mais une phrase individuellement réparatrice, qui témoigne d'une reconnaissance.

Si, en plus de ces acquis et apprentissages, on propose un travail d'une année scolaire entière sur un sujet comme celui qu'offre l'enquête de Stéphane Beaud, on accède à un autre niveau de reconnaissance : le « processus d'identification (ou de différenciation) sociale », dont il parle plus haut, s'installe alors dans la durée, autorise le temps de l'échange et de la discussion (sans rien éluder, y compris des sujets les plus sensibles), passe par l'incarnation, permet l'intériorisation.

« On parle de moi... »

Dans le dossier de présentation de *La France, les Belhoumi et nous*, j'écrivais :

> « Il s'agit de s'emparer avec ces jeunes de l'histoire des Belhoumi, de se l'approprier par le biais du théâtre pour, chemin faisant et sans jamais peser, les amener à questionner leur propre histoire, celle de leurs familles, et contribuer ainsi, modestement, à les aider à prendre en main leur destin, à "penser par eux-mêmes". »

De fait, rien n'a pesé. On a beaucoup parlé. Paroles « libératrices », « apaisantes », pour reprendre les mots de Stéphane Beaud : « On parle de moi, de gens comme moi, ou presque comme moi. » Et, pour une fois, en termes positifs. Texte-miroir implicite, et revalorisation de l'image de soi et des siens.

Après un premier temps d'une abondante nourriture commune (nombreux extraits d'entretiens tirés du livre et, davantage encore, d'inédits confiés par l'auteur), chaque classe, selon ses affinités, s'était choisi comme « terrain de jeu » son personnage parmi les huit membres de l'adelphie : Samira, Leïla, Rachid ou Azzedine, chaque choix entraînant avec lui des regards différents, voire contradictoires, sur le reste de la famille, notamment sur les parents.

Apprentissage de la complexité, traversée de la vérité de l'autre, évolution douce des regards sont les principaux moteurs de ce type de travail théâtral avec l'espoir qu'en subsistent les traces.

Incarner l'autre pour le comprendre

L'histoire de chaque personnage était chorale. Pour entrer dans le récit, j'avais proposé un code. Il fallait annoncer : « Je suis X », puis jouer. Ainsi, tous les garçons ont été amenés à dire, à tour de rôle et à plusieurs reprises : « Je suis Samira » ou « Je suis Leïla », et à endosser le personnage. Jamais la moindre hésitation ; jamais le moindre ricanement. J'espère qu'il restera quelque chose en ces adolescents de cette traversée d'émotions féminines.

Et puis ceci : la classe de BTS chaudronnerie du lycée Faÿs était exclusivement composée, sauf une exception féminine, de jeunes « Français français », comme les nomment les quatre héroïnes solaires du documentaire de Bouchera Azzouz, *Meufs de (la) cité*.

Sur leurs gardes au début, entre remarques ironiques et doutes exprimés (« Pourquoi cette famille ? », « En quoi ça nous concerne ? », etc.), ils ont, après une rencontre déterminante avec Stéphane Beaud, basculé du tout au tout, se sont impliqués totalement dans l'histoire d'Azzedine, jusqu'à la faire leur, pleinement. Là encore, on peut espérer que ces longs mois d'incarnation empathique laisseront chez eux quelques traces, auront aidé à faire un peu bouger leur regard sur l'autre.

« On a compris, Dominique... »

Alors que Benjamin Stora, en janvier 2021, remet un rapport dans lequel il formule des propositions pour « apaiser la guerre des mémoires », un souvenir me vient : en 2016, j'avais proposé à une classe de première, en lycée professionnel, de travailler sur des témoignages liés à la guerre d'indépendance, paroles de soldats du contingent, de membres (ou descendants) du FLN, et de harkis. Le sujet était sensible, les élèves restant très influencés par le poids des récits familiaux.

La première fois que j'ai prononcé le mot « harki », les réactions ont été vives. Le témoignage proposé était celui d'un ancien harki. Il racontait dans quelles circonstances son frère avait rejoint le FLN, et lui les harkis : c'était un peu la loterie, à qui passerait en premier dans le village, de l'armée française ou de l'Armée de libération nationale... Et, dans les deux cas, la peur : « On a compris, Dominique », m'a dit un « élève FLN », le jour de la restitution.

Et, pour ne pas finir : il y aurait un travail formidable à faire avec les lycéens à partir de l'enquête de Raphaëlle Branche, *« Papa, qu'as-tu fait en Algérie ? » Enquête sur un silence familial*[3].

Passeports pour la liberté : histoire de Samira

Dès 2019, en grande partie à la demande de Stéphane Beaud lui-même, j'ai adapté pour la scène (en conservant la forme du dialogue) les trois entretiens que celui-ci avait eus avec Samira Belhoumi, l'aînée de la famille, entre 2012 et 2013. Ce spectacle, intitulé *Passeports pour la liberté*, destiné prioritairement aux lycéen(ne)s, et conçu pour être joué essentiellement intra-muros, devait voir le jour en mars 2020 : Covid oblige, il a finalement été créé en janvier 2021, à Lyon (au lycée La Martinière-Duchère). Mais dès la fin 2019, il fut clair que le projet répondait à une attente très forte : d'abord diffusé par Stéphane Beaud (il continue de le faire partout aujourd'hui), relayé ensuite par les enseignants de sciences économiques et sociales, notamment par leur association nationale, puis par certains inspecteurs pédagogiques régionaux, le spectacle, depuis janvier 2021, est réclamé dans toute la France (plus de cinquante représentations d'ici mai 2022).

3. *Op. cit.*

Plus remarquable que son « succès » est la forme qu'a pris d'emblée le projet. Dès le départ, j'avais proposé une intervention impliquant spectacle et débat. Sans déprécier la richesse du contenu du dialogue entre Stéphane Beaud et Samira Belhoumi, il s'agissait, à mes yeux, d'un texte/prétexte à la rencontre, à l'échange. Mais je n'avais pas imaginé l'ampleur des développements à venir, ni la force de leur articulation. De fait, il s'agit désormais d'une action dont les différents moments s'étendent, peu ou prou, sur une année entière. Chacun de ces moments mériterait, pour sa richesse, un paragraphe particulier : implication généreuse, totale, des enseignant(e)s, en amont de notre venue (travail sur le livre de Stéphane Beaud, présentation de la fratrie Belhoumi) ; le jour de la représentation (quel accueil chaleureux, toujours !), écoute sans faille des jeunes spectateurs/trices (le spectacle est pourtant minimaliste, entièrement centré sur la parole, le dialogue) ; échanges, ensuite, qui dépassent souvent une heure (questions, réflexions, confidences personnelles, désaccords parfois) ; intervention régulière à nos côtés de Stéphane Beaud, le jour de la représentation (sinon le jour même, du moins dans les semaines qui suivent, dans la majorité des cas) ; présence de Samira aussi, lumineuse, dès que ses activités professionnelles le lui permettent ; les jours suivants, retours écrits très nombreux des spectateurs/trices sollicité(e)s par leurs enseignant(e)s, liens maintenus avec ces dernier(e)s – le texte de l'adaptation est systématiquement envoyé aux équipes qui nous ont accueillis, pour leur permettre d'« y revenir » avec leurs classes –, contacts maintenus également, parfois, avec les élèves (certain(e)s décidant de choisir l'histoire de Samira comme thème de leur grand oral, au bac...). Et le débat, souvent, continue dans les classes, bien longtemps après notre passage...

Il faut évidemment chercher l'origine de ce maillage exceptionnel et de l'investissement sans faille de très nombreux professeurs de sciences économiques et sociales dans le fait que l'histoire de Samira croise sur sa route toutes les thématiques au cœur de leurs programmes (premières et terminales). Un récit de vie, en effet (et là encore, sans rien développer) qui interroge, pas à pas, les relations riches de complexité entre fidélité aux traditions familiales et quête de liberté individuelle, tant sur le plan privé que professionnel, et donne à voir les chemins d'une intégration qui n'oublie jamais l'importance de la transmission. Même si, à bien des égards, ces chemins parcourus s'apparentent souvent à une suite de courses d'obstacles pour, comme le dit Samira, « se rapprocher peu à peu » d'elle-même. Une lente et tenace construction de soi, dont les alliés les plus solides, face aux déterminismes socioculturels et aux discriminations, sont à chercher du côté de l'école et de l'amour pour la langue.

Depuis sa mise en place, le projet n'a pas dévié de son objectif initial, le même, finalement, que celui de Samira Belhoumi décidant d'aborder Stéphane Beaud, un soir de débat, en 2012, pour l'intéresser à l'histoire de sa famille, puis celui de ce dernier, tout au long de son enquête de cinq années (et jusqu'à aujourd'hui) : proposer un contre-récit de « l'intégration », une image à contre-courant de celles depuis trop longtemps et trop largement véhiculées par les médias et régulièrement réactivées par certains discours politiques, en offrant l'exemple concret d'un récit de vie ; donner du courage aussi, sans nier les difficultés du chemin ; et créer un temps/espace de parole difficile à mettre en place (pour bien des raisons !) dans le cadre et les rythmes quotidiens d'un lycée (ou, depuis peu, d'un collège). Mais si ce temps de parole suivant la proposition théâtrale était d'emblée un moment essentiel du projet, il faut bien l'avouer : nous ne nous attendions pas, dans les échanges, à pareille variété ni à pareille richesse.

À ce jour, d'une ville à l'autre, d'une région à l'autre, nous avons joué dans des établissements inscrits dans des contextes très différents, et proposant une très grande diversité de milieux sociaux, milieux bourgeois et milieux populaires, chacun offrant un large éventail de déclinaisons : parisiennes/provinciales pour les premiers, urbaines/rurales pour les seconds – certains lycées offrant l'image d'une vraie mixité sociale, d'autres, au contraire, étant quasi exclusivement composés, ici de « Français français », là de jeunes « issus de l'immigration ».

Le théâtre, pour reprendre une réaction d'une enseignante, est un « fabuleux vecteur du témoignage ». Différemment mais partout, le fait de rendre sensible par l'incarnation l'histoire et le « personnage » de Samira (sous une forme dénuée de tout artifice théâtral, à quelques mètres des jeunes) émeut, fait écho, déplace les regards, interroge les stéréotypes. Une histoire unique d'une « vie invisible », mais qui atteint l'universel, tantôt par effets de miroir, tantôt parce qu'elle questionne en permanence notre rapport à l'autre.

Les premières questions, les premières réactions arrivent toujours très vite. Elles sont brutes, « sans filtre », très libres de ton. Et même lorsqu'il y a débat (la question du voile), toujours bienveillantes.

Avec l'expérience de plus de cinquante rencontres, on peut dégager des thèmes récurrents, aux multiples variantes :

1/ Les premières questions, très souvent, concernent le projet lui-même : sa raison d'être, sa construction, sa forme. Manifestations de gratitude, remerciements pour avoir offert « une image différente de celles que diffusent les médias ». Questions également sur la relation (origine, parcours) entre la comédienne qui incarne Samira et son « personnage » (il y a régulièrement confusion, certain(e)s spectateurs/trices croyant avoir sous leurs yeux la « vraie Samira » et le « vrai » Stéphane Beaud).

2/ Un chemin de vie qui donne du courage, qui « fait du bien », qui dit « qu'on peut s'en sortir ». Samira comme « modèle » (remerciements chaleureux, quand la « vraie Samira » est avec nous). Variations autour de sa quête de la liberté. Majoritairement chez les filles. Mais beaucoup de manifestations d'empathie également chez les garçons.

3/ Identification/différenciation : là résident peut-être les moments les plus forts, ceux où la parole se fait plus intime.

Mise en perspective, évocation de son histoire propre : origines différentes (migrations autres que maghrébines ou subsahariennes, par exemple) mais « même histoire », ou origines communes mais histoires différentes, avec souvent des différences d'ordre générationnel (« Mes parents ne sont pas les mêmes, j'ai de la chance »). Différenciation/découverte de l'autre. Regards de « Blancs » : « On n'imaginait pas que c'était comme ça » (et leurs variations en fonction des différences de milieux sociaux, par exemple entre les étudiants en classe préparatoire du lycée Janson-de-Sailly, Paris 16e, et les lycéens de Valenciennes ou de Châlons-en-Champagne...)

4/ Le voile en débat. Dans la dernière partie de l'entretien (le moment du « retour réflexif »), Samira fait état de son rejet personnel du voile, au nom de sa conception de la liberté. Les réactions, presque exclusivement féminines, sont vives. Tantôt elles se réfèrent à une conception différente du dogme, tantôt elles affirment un autre chemin vers la liberté. Échanges très nourris, surtout lorsque la « vraie Samira » est présente, qui impliquent – et valorisent – le recours à la contextualisation (générationnelle, construction de soi...). Incompréhension, plus que désaccord ? On a le sentiment que le seul fait de prononcer le mot « voile » bloque réception et réflexion. Comme si le sujet ne pouvait plus échapper aux stéréotypes réducteurs dont on ne cesse de l'accabler ; comme si la lecture stigmatisante traditionnelle de la prise de voile venait immédiatement se superposer à celle de Samira, interdisait d'entendre ce que celle-ci dit vraiment. Manifestation, quoi qu'il en soit, d'un « ras-le-bol », d'une blessure très sensible, qu'il ne nous semble pas opportun de raviver chez des adolescents, par essence en construction. Et présence qui prend parfois toute la place dans les échanges, au détriment des réflexions suscitées par l'histoire même de Samira. De plus en plus souvent, nous jouons le dialogue *sans* le bilan.

Les débats ne sont pas enregistrés (pour des raisons éthiques et techniques tout à la fois). En revanche, à notre demande ou à celle de Stéphane Beaud, nous recevons, via les enseignant(e)s, de nombreuses contributions d'élèves, rédigées les jours suivant notre venue. On en trouvera ci-dessous un florilège, issu de quatre lycées aux populations scolaires très diversifiées. Pour autant, ni ces réactions ni la classification thématique qui précèdent n'arrivent à rendre compte des émotions partagées au cours de ces rencontres : remerciements, regards chaleureux, conversations « en off », à la sortie (très souvent émanant d'élèves restés silencieux/ses précédemment), paroles magnifiques de reconnaissance de jeunes vis-à-vis de leurs professeurs – mots qui prolongent, font écho à ceux de Samira à propos des sien(ne)s, de celles et ceux qui l'ont « soutenue » et « protégée » tout au long de sa scolarité, mots qui amplifient notre bonheur, renouvelé à chacune de nos rencontres avec un nouvel établissement, une nouvelle équipe. Ces rencontres donnent « la pêche », parce qu'elles disent, à chaque fois, l'énergie et la générosité qui se déploient partout, qui nous confirment dans nos certitudes : aucun doute, les « territoires » que nous parcourons, aux quatre coins de la France depuis janvier 2021, sont bien « vivants » !

Propos d'élèves[4]...

« Durant cette pièce j'ai ressenti un tas d'émotions. Premièrement, je me suis très vite identifiée à Samira. Cette recherche d'une liberté pure lui permettant d'être elle-même est également propre à moi-même. Les contraintes parentales, religieuses et sociétales nous sont communes ; peut-être parfois divergentes, certes, mais au fond elles sont présentes. J'ai vachement été touchée par son vécu et je trouve en elle un courage tellement profond... »

« Je me suis reconnu dans cette pièce car mon arrière-grand-père déporté politique lors de la Seconde Guerre mondiale a su naturaliser sa famille. »

4. Propos recueillis en 2021 et 2022 dans les lycées Pablo-Picasso à Avion (62), Robert-Doisneau à Corbeil-Essonnes (91), Alfred-Kastler à Cergy-Pontoise (95) et Jean-Macé à Vitry-sur-Seine (94).

« J'ai bien apprécié l'intervention et le sujet traité puisque, pour une fois, j'ai vraiment eu l'impression que la communauté d'émigrés et leur descendance ont vraiment été vues telles qu'elles sont. De plus, la personne qui, sur un plateau de télé, aurait eu droit à un temps très court de paroles et à plusieurs contestations a, lors de la représentation, eu quasiment le monopole, et est le personnage quasi principal si l'on peut dire.
J'ai aussi aimé le fait que l'initiative soit prise d'aller dans les milieux de type populaire. Vous avez réussi à nous faire apprécier un moment qu'on ne voit pas tous les jours. »
« J'ai reconnu tout de suite que l'histoire correspondait à celle de ma famille et moi-même. »
« La pièce était aussi intéressante car elle était pas du tout cliché comme certains films, séries, etc., de la vie en banlieue. »
« C'est une pièce qui m'a beaucoup touché car la vie de Samira et son parcours m'ont rappelé la vie de mes parents qui sont également venus d'un pays étranger. »
« Le contenu de la pièce mettant en scène l'entretien était intéressant du fait qu'il reflète la vie de la plupart des immigrés. Cela nous permet aussi de voir l'histoire des immigrés dans une autre perspective que celle présentée péjorativement dans les médias »
« J'ai beaucoup aimé la pièce car elle m'a beaucoup rappelé l'histoire de ma famille qui a vécu la même chose mais du Maroc. Samira a l'âge de mon père et est arrivée la même année, alors dans son discours je l'ai parfois retrouvée. L'histoire de Samira était intéressante et son parcours inspirant. Cela m'a encore plus donné envie de rendre fiers mes parents. »
« L'histoire de Samira m'a particulièrement parlé puisque j'avais l'impression qu'elle racontait l'histoire de mon père et sa famille. En effet mon père vient de parents nés en Algérie et d'une fratrie de neuf enfants. De plus, quand Samira exprimait le fait qu'elle jouait un rôle important, en tant qu'aînée, dans l'éducation des plus petits, j'ai tout de suite pensé à ma tante, qui est également l'aînée et qui m'a justement raconté il y a peu de temps qu'elle avait été comme une deuxième mère auprès de ses frères et sœurs. Aussi, mes grands-parents étaient illettrés, mon grand-père travaillait dans une usine d'automobiles et ma grand-mère était mère au foyer. Samira a dû se construire sans l'aide de ses parents et a réussi à finir cadre, c'est dans cette situation que je pense à mon père qui n'a, lui non plus, pas eu la chance d'être aidé, comme moi je le suis aujourd'hui, et malgré cela il a réussi à faire une école d'ingénieur, avoir son diplôme et aujourd'hui être chef d'entreprise. »

... Et d'un enseignant

« La discussion a repris de plus belle ce matin, notamment avec mes deux élèves musulmanes qui étaient derrière Stéphane et Samira, et en l'absence de Ka... ou Ke... (ce qui a permis aux autres d'intervenir plus).

On a parlé d'apostats. Ils étaient très préoccupés de savoir si un enfant peut choisir sa religion et choisir de la quitter. On a parlé de syncrétisme religieux, parce qu'ils trouvaient que Samira prend vraiment ce qui lui plaît dans la religion.

On a finalement parlé de l'essentiel : de liberté, en tombant d'accord que c'est seulement quand on a le choix qu'on est libre. Et la plus musulmane a admis que les pays où l'apostasie est un crime sanctionné par la peine de mort ne sont pas des pays qui lui font envie.

Et je leur ai rappelé qu'en France, on peut critiquer même ce à quoi on croit plus que tout. Et même qu'un scientifique qui étudie le bigbang peut croire en Dieu.

Bref, grâce à vous, tout ça plane bien haut. »

Sur les murs de la piscine de Bagneux, au cœur de la cité, une des photos prises par les élèves et éditées par JR (voir p. 19)

Des fresques réalisées par les élèves s'affichent sur les murs du collège Gustave-Flaubert à Paris dans le quartier des Olympiades (voir p. 99)

À la mémoire des esclaves

La guerre d'Algérie (1954-1962) : un drame humain

Pour ne jamais oublier la colonisation

N'oublions jamais la Shoah

Un travail mené avec la participation des parents (voir p. 41)

Préparation du spectacle (voir p. 41)

Parents et élèves sur scène, un moment essentiel (voir p. 41)

La rencontre avec une mémoire familiale, celle des Belhoumi (voir p. 149)

Des élèves au travail dans la nécropole de Courbesseaux (voir p. 105)

Lassana Bathily ou l'incarnation de la fraternité devant les élèves du collège Gustave-Flaubert à Paris dans le quartier des Olympiades (voir p. 115)

Le vernissage de l'exposition Ilan Halimi
au collège Michel-Richard-Delalande d'Athis-Mons (voir p. 133)

Le résistant Fernand Devaux et l'élève Cheik Sidibé : un passage de mémoire (voir p. 25)

Une Marianne en *street art* pour promouvoir les valeurs au collège de Belfort (voir p. 119)

Des élèves de terminale devant les Romains de la décadence au musée d'Orsay

L'improvisation théâtrale à la rescousse des collégiens

Sylvie Laulan, avec Stéphane Guillet [1]

Au collège La Fayette de Rochefort, des matchs d'improvisation théâtrale ont été mis en place en 2010 avec trois comédiens professionnels. Écoute active, capacité d'invention, travail en équipe, respect des règles communes, interprétation d'un discours : l'atelier développe les compétences attendues dans le socle commun.

Professeure de lettres modernes pendant vingt-trois ans au collège La Fayette de Rochefort – classé RRS (réseau de réussite scolaire), puis « Politique de la ville », et accueillant une Segpa (section d'enseignement général et professionnel adapté) de 120 élèves –, en quartier d'éducation prioritaire, j'ai eu à m'occuper d'une population défavorisée pour laquelle l'oral, l'écrit, l'expression d'une pensée personnelle et les repères culturels étaient globalement peu élaborés.

Voici bientôt dix ans que le décorum si particulier du match d'improvisation théâtrale s'est installé dans la salle polyvalente du collège, avec sa patinoire, ses maillots de hockey, son arbitre et ses cartons de vote... Une décennie au cours de laquelle j'ai pu constater l'intérêt que revêt cette pratique pour les élèves.

---

1. Sylvie Laulan a été professeure de lettres modernes pendant vingt-trois ans au collège La Fayette de Rochefort. Elle enseigne aujourd'hui au collège Joliot-Curie de Tonnay-Charente (17). Stéphane Guillet est coordinateur du projet « Trophée d'impro Culture & Diversité » pour le Grand Rochefort Impro Club. Ce texte a été publié dans *L'École des lettres* le 27 février 2020.

Les écarts sociaux se creusent entre les élèves

La paupérisation des dix dernières années de certaines familles du secteur n'a cessé de creuser l'écart entre les élèves issus de catégories socioprofessionnelles favorisées – lesquels sont plutôt bons en lecture et bons en écriture –, et les autres, issus des cités comme de la campagne, qui sont en difficulté pour s'exprimer, parler, lire et écrire correctement. Les conséquences n'ont pas tardé à se faire sentir : dégradation des compétences d'écriture et de lecture, passivité, absentéisme, incivilités, insultes, harcèlement...

L'ambiance générale du collège se détériorant, l'école perdait du sens pour certains élèves. Pour y remédier, le collège a, entre autres, mis en place de nombreux ateliers sur la pause méridienne. C'est dans ce contexte que l'improvisation théâtrale s'est installée dans l'établissement, en 2010. Grâce au programme national « Trophée d'impro Culture & Diversité » mis en œuvre par la Fondation Culture & Diversité, les comédiens professionnels de l'association Le Grand Rochefort Impro Club organisent les ateliers et les rencontres inter-collèges. Ce programme de pratique artistique fondé sur un match d'improvisation théâtrale est destiné aux élèves scolarisés dans des collèges relevant de l'éducation prioritaire. L'association Le Grand Rochefort Impro Club a d'ailleurs été créée dans cette dynamique pour développer la pratique et la diffusion de l'improvisation théâtrale dans l'agglomération de Rochefort avec des professionnels et auprès de tous les types de public.

Chaque année, à l'issue des rencontres locales d'improvisation, une équipe de six représentants du territoire rochefortais « monte à Paris » pour la finale nationale qui se déroule dans un grand théâtre de la capitale : Espace Cardin, théâtre de la Madeleine, Comédia...

Un savoir-faire qui rejoint les compétences exigibles au collège

Dans le collège, au moins trois ou quatre élèves des différentes classes dont j'ai la charge participent à ce programme. Je les découvre sous un nouveau jour en composant deux équipes mixtes de tous âges : ensemble, ils prennent du plaisir à inventer en public des récits dans le respect de règles communes. Celles-ci, qui empruntent aux codes du sport, permettent aux « joueurs » de mieux appréhender les règles de la vie en société. Le décorum sportif peut aussi séduire des élèves *a priori* moins sensibles à des activités culturelles classiques.

C'est à l'occasion d'une activité de lecture en classe que des élèves m'ont parlé des thèmes du match d'improvisation. En les questionnant sur les règles du jeu, j'ai pris conscience des passerelles que l'on pouvait établir entre cette pratique théâtrale et les compétences exigibles en français. La nécessité de s'adapter et d'innover a toujours été au cœur de ma pédagogie. J'ai donc rencontré les animateurs puis les responsables du projet, et constaté que les savoir-faire enseignés dans la pratique de cette activité correspondaient parfaitement aux attendus du collège, et notamment à celles fixées dans le cadre du socle commun : l'écoute active, d'une part, la capacité d'invention d'autre part. Plus encore, la pratique de l'improvisation théâtrale apprend à travailler en équipe, à respecter des règles communes et à interpréter un discours.

Une activité qui change la dynamique de la classe

Lors des représentations, la prise de risque des jeunes improvisateurs force le respect et la bienveillance de leurs camarades spectateurs, ce qui modifie les relations qu'ils entretiennent entre eux : tel élève jugé trop gros, ou trop petit – bref, perçu comme « différent » – devient subitement le maître du jeu face au « caïd » redouté de tous – et cela fait plaisir à voir.

Les spectateurs aussi apprennent de l'exercice : l'improvisation les sollicite directement, ils jouent une part active, ils sont invités à développer leur sens critique. Devoir choisir entre deux interprétations les amène à les comparer et à les juger en suivant des critères objectifs. D'autre part, acteurs et spectateurs peuvent s'appuyer sur leur découverte de nouvelles techniques littéraires pour comprendre les textes : ils s'approprient les registres, les genres, les « à la manière de », apprennent à structurer un récit, à imaginer des péripéties, à décoder l'implicite grâce à la gestuelle, la mimique ou le débit.

En plus de trouver un intérêt à cette discipline, ils partagent leur expérience avec leurs camarades qui ne pratiquent pas l'improvisation mais les regardent. Être capable d'entrer sur la patinoire après vingt secondes pour donner la réplique à l'autre, partenaire parfois inconnu, pour lui dire : « D'accord, je joue avec toi », n'est pas une mince affaire pour des adolescents. Les improvisateurs prennent alors une autre dimension et transmettent leur énergie à leurs camarades.

« Madame, c'était trop bien ! »

Lors de l'édition 2013 du Trophée, les collégiens de Rochefort ont remporté la finale nationale devant ceux de Bordeaux, Lille et Trappes. Yamina Benguigui et Jamel Debbouze leur ont remis le prix. Les élèves sont revenus gonflés à bloc, forts de leurs succès. À leur retour en classe, la réaction de l'une de mes élèves de cinquième, d'ordinaire plutôt effacée, m'a surprise :

> « Madame, c'était trop bien ! En plus, on a gagné, mais en vrai, on s'en fiche parce que c'était super avec ceux des autres villes ! »

Un autre m'a raconté que Jamel l'avait félicité pour l'une de ses improvisations dans le match contre l'équipe de Lille. J'ai profité de cet élan pour aborder l'importance de l'oralité avec la classe.

Aujourd'hui, l'improvisation théâtrale est une pratique installée, reconnue, qui implique toute la communauté scolaire ; elle est ouverte sur les autres établissements du secteur ; elle crée un sentiment d'appartenance à une équipe, des ponts entre des élèves qui ne se seraient pas fréquentés auparavant.

Le fait qu'une activité culturelle ludique, mais très exigeante, remporte ce succès auprès de jeunes issus de quartiers défavorisés me semble pour le moins encourageant. Je me réjouis que l'établissement dans lequel je suis désormais en poste, le collège Joliot-Curie de Tonnay-Charente, participe également à ce projet : les cinq établissements de la communauté d'agglomération Rochefort Océan et deux collèges de celle de La Rochelle sont engagés dans un championnat local d'improvisation théâtrale qui se déroule en marge du trophée national. Je pourrai ainsi poursuivre la réflexion déjà engagée sur la pratique de l'improvisation et les bénéfices que les élèves peuvent en tirer.

À l'heure où, depuis les concours d'éloquence organisés dès le collège jusqu'aux épreuves du baccalauréat, l'oral revient en force dans les programmes – et à juste titre –, cette pratique peut se révéler plus que fructueuse.

Le pari réussi de l'éloquence

Pierre Costes [1]

Au collège Alain-Fournier où quarante et une nationalités se côtoient, la grand-messe, c'est l'atelier d'éloquence, où les élèves créent des codes qui leur sont propres et travaillent à apprivoiser l'expression orale en public.

Il est 7 h 45. Le collège Alain-Fournier, au Mans, ouvre son grand portail gris. Une foule d'élèves s'y engouffre dans un brouhaha familier. Ils discutent, crient et chahutent dans une langue française que chacun a modelée à sa façon, l'imprégnant de sa culture et de son origine familiale.

Dans ce collège classé REP +, quarante et une nationalités se côtoient. Cette année, vingt-trois élèves sont allophones et suivent des cours de français renforcé. Un grand nombre des collégiens sont en difficulté scolaire, mais aussi sociale et culturelle.

Nous sommes au mois de juin. Silveiro, élève de troisième, a la boule au ventre. Il est angolais ; cela fait trois ans qu'il est arrivé en France. Certes, il passe son brevet dans quelques jours, mais, depuis quelque temps, c'est une autre question qui lui trotte dans la tête. Sur un papier tiré au sort, la phrase suivante était inscrite : « Faut-il partir à la conquête de Mars ? » La réponse lui a été imposée – c'est oui. Mais pourquoi ?

Il a tout préparé, il s'est entraîné devant son miroir. Aujourd'hui, il va devoir convaincre un jury de professeurs, en présence

1. Pierre Costes est enseignant au collège Alain-Fournier au Mans. Ce texte a été publié dans *L'École des lettres* le 29 mai 2020.

du chef d'établissement et de ses camarades. C'est l'aboutissement d'une année de travail au sein de l'atelier d'éloquence...

Une langue au cœur de la République

Si le collège Alain-Fournier, classé en réseau d'éducation prioritaire renforcé (REP +), est marqué par une richesse culturelle rare et précieuse, c'est la langue française qui fédère l'ensemble des élèves. En retravaillant cette langue, en se l'appropriant et en la remodelant au gré de leurs cultures, de leurs rencontres et de leur personnalité, ils créent des codes qui leur sont propres et leur permettent de (re)former une petite communauté au sein de l'établissement ou, plus largement, du quartier. Ainsi, la maîtrise d'une langue qui n'est plus seulement celle de Molière, mais qui est aussi la leur, permet aux collégiens de construire leur identité au-delà de leur cercle familial.

L'oral scolaire, quant à lui, n'obéit pas aux mêmes codes. L'élève qui possède ces codes parvient à prendre part à la communauté scolaire, puis à la société. C'est la langue légitime, celle de la reconnaissance dans le monde social des adultes et du travail. Dans le collège, 90 % des élèves qui échouent au brevet ne sont pas de langue maternelle française. La maîtrise, notamment orale, du français, à travers le langage singulier ou scolaire, est donc un puissant marqueur social et joue un rôle déterminant dans la réussite des futurs citoyens.

C'est en partant de ce constat, et après avoir vu le documentaire *À voix haute – La force de la parole*[2], un témoignage poignant, subtil et fort éloigné des clichés sur la banlieue, que j'ai décidé de lancer un atelier d'éloquence une heure par semaine, pendant la pause déjeuner. Quelques jours plus tard, le temps de mûrir le projet, je franchis la porte, toujours ouverte aux initiatives innovantes, du

2. Stéphane de Freitas et Ladj Ly, *À voix haute – La force de la parole*, Mars Films, TF1 Vidéo, 2017. Ce documentaire suit des étudiants de Seine-Saint-Denis découvrant l'art oratoire. Voir sur ecoledeslettres.fr le compte rendu de Philippe Leclercq.

bureau du principal du collège, monsieur Fournier. L'idée est accueillie avec beaucoup d'intérêt, et l'atelier peut démarrer.

Par la suite, en préparant cet article, j'interrogerai monsieur Fournier sur sa décision. Il m'expliquera alors qu'« il est nécessaire pour nous tous, acteurs de l'école, d'inciter les élèves à se dépasser, afin de lutter contre les déterminismes de tout genre. L'idée est donc de développer leur esprit critique et leur ouverture sur le monde par le biais de l'oral, par cet atelier qui vient s'ajouter à ce qui est fait au quotidien, en classe, mais aussi lors de l'atelier théâtre, par exemple ».

La mise en place du projet

Lorsque j'ai conçu ce projet, j'avais pour objectif premier de redonner confiance aux élèves, en eux-mêmes d'abord, puis en la société dont ils se sentent fréquemment exclus. Je souhaitais ainsi leur permettre de s'interroger afin qu'ils portent un regard bienveillant sur eux-mêmes, au-delà de celui que leur renvoyaient les enseignants, la famille ou la société.

Je voulais également leur rendre la parole, une parole trop souvent déniée par le système scolaire du fait, notamment, de la prédominance de l'écrit par lequel est mesurée l'acquisition des apprentissages scolaires. En effet, faire parler les élèves est gourmand en temps, et l'évaluation de l'oral exige beaucoup d'ingéniosité didactique, *a fortiori* dans une discipline autre que le français, dont les finalités sont moins naturellement tournées vers la maîtrise de la langue.

Cette suprématie de l'écrit résulte également du fait que l'oral est vu comme un acquis spontané, qu'il n'est donc pas nécessaire de développer. Alors que l'écrit, acquis culturel, requiert un apprentissage organisé qui, rappelle la linguiste Sylvie Plane, « ne peut être mis en œuvre que grâce à l'enseignement qui lui est dédié [3] ».

---

3. Sylvie Plane, « Pourquoi l'oral doit-il être enseigné ? », *Cahiers pédagogiques*, 31 août 2015.

D'autre part, la parole de l'enfant ou de l'adolescent n'est pas accueillie avec sérieux ; il n'est pas assez souvent considéré comme un « interlocuteur privilégié ». Mon but était de favoriser la pensée réflexive des élèves à travers l'expression orale. Enfin, je souhaitais créer une dynamique de groupe. Que ce soit dans la cour ou en classe, les collégiens cultivent un argot marqué par la banlieue et chargé de codes leur permettant d'assurer leur virilité ou leur position au sein du groupe. Ils craignent de ne plus être « respectés » s'ils abandonnent ce langage. C'est là qu'intervient cet atelier, en créant une dynamique collective et bienveillante dans laquelle les participants peuvent librement s'ouvrir aux autres sans avoir peur d'être moqués en développant leur empathie.

Le volontarisme des élèves

Cet atelier est mis en place en novembre 2018. Il s'adresse principalement aux élèves de troisième, mais il est ouvert aux classes de quatrième. Lancer un tel projet entre 12 h 30 et 13 h 30 sur un sujet très méconnu des collégiens, sachant que seul un petit nombre d'entre eux déjeunent sur place... Le pari était vraiment risqué.

Alors que je ne m'attends qu'à trois ou quatre curieux à la première séance, ils sont une vingtaine à m'attendre devant la porte de la salle. À cette première bonne surprise vient s'ajouter la diversité des profils : certains sont en grande réussite, d'autres en grande difficulté scolaire ; certains sont à l'aise à l'oral, d'autres très discrets, d'autres encore ne maîtrisent que très peu le français. Ils évoquent plusieurs raisons expliquant leur intérêt pour cet atelier. La plupart se montrent très pragmatiques et disent viser un objectif précis à court ou long terme.

« J'avais la conviction que cet atelier pouvait m'aider à mieux m'exprimer à l'oral, notamment pour la préparation de mon oral de brevet », témoigne Emmanuel. Adeen a une vision plus globale : « Je me suis dit que j'avais sûrement beaucoup de choses à apprendre dans ce domaine. Un camarade m'a encouragé à participer. Mon projet d'avenir est de devenir acteur de cinéma. Donc je me suis dit que cet atelier m'aiderait. »

Je suis frappé par l'enthousiasme de ces élèves heureux de pouvoir découvrir quelque chose de nouveau. Beaucoup sont prêts à prendre le risque de sortir de leurs cadres sociaux et culturels, ils ont faim de nouveaux savoirs. Cette première victoire atteste la confiance qu'ils ont en l'école, et plus encore leur soif d'apprendre. Je vois chez eux l'attente, l'espoir partagé.

Instaurer une dynamique collective

Le groupe est très diversifié et composé d'élèves qui ne se connaissent pas forcément. Il s'agit, dès les premières séances, d'instaurer un climat de confiance propice à la prise de parole. Peu à peu, les participants se libèrent de leur posture et s'expriment avec plus de facilité. Ils sont dans un cercle bienveillant où chacun peut se sentir à l'aise et partager ses opinions sans hésiter.

Au cours de la première séance, les élèves sont invités à s'interroger sur une cause qui leur tient à cœur, ou une chose qui les a rendus particulièrement heureux dans leur vie. C'est un moment essentiel qui permet au groupe de se souder en recevant la parole de l'autre. C'est aussi un moment où les élèves se livrent, souvent pour la première fois, à l'oral devant un groupe en partageant un souvenir personnel.

Lors d'un travail sur la créativité, par exemple, les élèves de l'atelier sont invités à élaborer un texte sur une idée qui leur tient à cœur à partir de l'anaphore : « Je suis... » Leticia décide d'écrire et de dire un texte sur l'Algérie, son pays d'origine, alors théâtre de grandes manifestations démocratiques. Elle clame : « Je suis le soleil, je suis forte, je suis unique, je suis de retour et je rallume ma bougie. Je suis l'Algérie. Je suis belle, je ne le dis pas, mon peuple parle pour moi, il se bat pour moi, il sourit pour moi. Je suis vivante, et immortelle. »

Après ce discours, des discussions s'engagent et ce, parce que, à travers son texte, elle a suscité la curiosité et l'envie d'en savoir plus.

Fanta choisit, quant à elle, de prendre la parole pour évoquer une cause qui la touche, celle des migrants. Sa voix, d'abord timide, se brise et tremble de vérité ; elle conquiert l'ensemble des auditeurs. Aucune moquerie, seulement des regards remplis d'empathie.

Le groupe comprend alors ce que Stéphane de Freitas, le réalisateur d'*À voix haute*, appelle la « congruence » dans un ouvrage qui décrit la méthode à l'origine du film[4] : tout un chacun peut devenir un orateur dès lors qu'il parvient à faire un travail d'introspection et à trouver les mots pour se faire entendre.

Ainsi, Emmanuel qui déclame cette poésie à l'occasion d'un travail sur les figures de style : « Je suis New York, quand je repense au 11 septembre 2001 et à ces deux mille neuf cent soixante-dix-sept innocents évaporés de la Terre. J'ai envie de dire que je suis Nelson Mandela, quand je repense à tous les combats qu'il a menés pour abolir l'apartheid et la ségrégation qui discriminaient les peuples et les personnes de peau noire. Je viens devant vous, crier haut et fort que... Je suis Barcelone quand je repense à ces âmes perdues lors d'une période glaciale de l'été 2018. Et... si Ulysse devant le Cyclope était Personne, alors moi, devant la France, je m'appelle Charlie, Nice, Saint-Étienne-du-Rouvray, Paris, Strasbourg, Stade de France, Bataclan, Hyper Cacher, que les barbares inconscients ont fait saigner, fait saigner pour tuer, fait saigner pour anéantir, fait saigner pour attrister, fait saigner pour détruire, fait saigner pour faire mal, fait saigner pour déstabiliser, et surtout fait saigner pour que le monde entier sache que... Ma France vaincra toujours. »

Monsieur Chatteleyn-Ciesla, l'avocat

L'un des moments forts de cet atelier est la rencontre et les échanges entre les participants et celui qu'ils ont vite fait de surnommer « l'avocat ». Monsieur Philippe Chatteleyn-Ciesla,

4. Stéphane de Freitas, *Porter sa voix. S'affirmer par la parole*, Paris, Le Robert, 2018.

avocat honoraire, n'hésite pas une seconde lorsque je fais appel à lui. Il déclare : « Chaque fois que je peux apporter une petite pierre à l'édifice dans la reconnaissance de l'égalité entre les êtres humains, je fonce tête baissée. »

Le rôle de « l'avocat » est double : il est observateur, mais aussi joker puisqu'il peut apporter son aide au participant qui se trouve le plus en difficulté. À la fin de la joute, tous se montrent avides de recueillir ses précieux conseils. C'est toujours un moment agréable et attendu.

Selon monsieur Chatteleyn-Ciesla, c'est à travers la parole que les élèves parviennent à se construire en tant que citoyens français. En préparant cet article, je lui demande, lors d'un entretien téléphonique, ce qui l'a poussé à rejoindre cette aventure. Il me répond tout naturellement : « Talleyrand disait : "Méfiez-vous de la première impression... c'est souvent la bonne." La première impression que l'on a d'une personne, c'est d'abord son physique et, ensuite, sa voix. Je souhaite qu'un jeune puisse avoir la chance de pouvoir dire, exprimer ce qu'il a à exprimer, et donc être intégré dans une société qui a encore beaucoup de mal à accepter les différences. Ces jeunes sont et seront français dès lors qu'ils seront français dans le regard des autres. Quand on part avec le "handicap de la banlieue", si, en plus, on a le handicap du langage, le mur devient infranchissable. »

Le discours final

L'objectif de l'atelier est, pour chaque participant, de parvenir à proposer un discours de cinq minutes sur un sujet qui lui a été donné deux semaines plus tôt. Ce moment est particulièrement émouvant. Il est l'aboutissement d'une année de travail, de remises en cause et d'efforts. Chaque élève présente son discours devant un jury composé de plusieurs acteurs du collège.

Pour répondre à la question « Faut-il être courageux pour fuir ? », Emmanuel prend l'exemple du général de Gaulle : était-il un lâche ? Salimata fait la démonstration qu'« il vaut mieux vivre comme un mouton que comme un lion » : c'est bien plus reposant. Noémie nous explique qu'« on a le droit d'être égoïste », et Silveiro que l'homme, après avoir découvert tout ce qui était à découvrir sur la Terre, devra nécessairement « conquérir Mars ».

À la suite des discours de l'ensemble des élèves, le principal du collège, monsieur Fournier, confie : « J'ai été satisfait de voir les élèves oser prendre la parole sans stress – apparent, en tout cas –, avec des discours sensés, qui avaient été travaillés. J'ai notamment été "épaté" par la prestation de Silveiro, ancien allophone. »

L'estime de soi au cœur de l'atelier d'éloquence

Ils ont travaillé les figures de style, enchaîné leurs arguments, litotes, comparaisons, métaphores... Ils sont heureux ; ils s'émancipent sous le regard bienveillant de leurs camarades et du jury. Ils se libèrent, s'affirment, se font confiance. Ils portent un autre regard sur eux-mêmes, et cette fierté se lit dans leurs yeux brillants.

Cet atelier, que je poursuis cette année, joue un rôle fondamental dans l'estime de soi des élèves. Chacun y apprend à se faire confiance et à faire confiance à l'autre – une reconnaissance mutuelle, en quelque sorte.

Promouvoir l'estime de soi est essentiel dans une problématique éducative qui se donne pour ambition de former de futurs citoyens autonomes et éclairés. L'atelier d'éloquence offre un espace privilégié pour développer une série de stratégies permettant de contourner la mécanique de standardisation qui tend à s'imposer dans les quartiers défavorisés.

Je me souviens de Nouraya qui, en fin d'année, est venue me remercier en me disant : « Je ne pensais pas que je savais m'exprimer comme ça. »

La banlieue a du talent

Cet atelier donne un sens encore plus fort à mon engagement dans l'éducation, notamment dans un quartier dit « prioritaire ».

J'aime mon métier. Être professeur d'histoire, de géographie, et d'enseignement moral et civique m'apporte déjà beaucoup.

J'ai voulu, avec ce projet, aller plus loin, rompre, d'une certaine manière, avec la conception traditionnelle du métier, ne plus être seulement spécialiste d'une discipline, mais acteur d'un ensemble plus large. Le sentiment de la réussite est rare et précieux pour un enseignant. L'école est un levier pour ces élèves qui sont la relève, les citoyens de demain. Notre rôle est de les guider vers une réussite qu'ils perçoivent parfois comme lointaine.

Dix ans dans la langue de l'autre

Frédéric Palierne [1]

Au lycée Carcouët de Nantes, depuis dix ans, les élèves prennent la parole lors d'une journée spéciale, dans toutes les langues qu'ils connaissent : khmer, diaranké, wallisien, soussou, lina, arabe, espagnol, breton, espéranto... C'est l'opération Tire ta langue, une fête et un partage de cultures.

Le yagan a disparu avec sa dernière locutrice. Cristina Calderón, dernière représentante du peuple amérindien du même nom, est morte le 16 février 2022 à Punta Arenas au Chili. Au même moment, de l'autre côté de la planète, le russe subit une utilisation nationaliste alors qu'il s'agit de la langue véhiculaire de l'ex-URSS, que chaque pays parle tout en conservant son ou ses idiomes. Ces deux événements montrent à quel point la question de la langue est mêlée à celle de l'identité.

La Journée des langues du lycée Carcouët, consacrée aux langues parlées par les élèves de l'établissement, s'inscrit entre deux pôles : retrouver une pratique parfois perdue et dissocier langues et nations. Cet établissement, situé dans une zone de mixité sociale, est marqué par la pauvreté. Contrairement à la majorité des établissements qui accueillent les élèves de cinq ou six collèges, il arrive que les effectifs de celui-ci viennent d'une vingtaine d'établissements dispersés sur une large zone géographique. Ce lycée présente

1. Frédéric Palierne est professeur de lettres au lycée Carcouët de Nantes. Cet article est paru sur le site de *L'École des lettres* le 9 mai 2022.

donc une identité sociale floue et tarde parfois à assurer une cohésion entre ses élèves.

La langue apparaît à la fois comme un enjeu d'identité culturelle et comme l'occasion de réfléchir à la diversité humaine en tant que ressource et richesse propres à cet établissement. Depuis dix ans, douze en réalité si l'on excepte les années Covid, exposition, cours et ateliers réunissent les pratiquants d'une ou plusieurs langues. Le dispositif initial, appelé Tire ta langue, s'est étoffé, parfois infléchi, mais la réussite des éditions ne se dément jamais. Avec un noyau de vingt à trente langues auquel viennent s'agréger des locuteurs qui découvrent ou redécouvrent des particularismes locaux, l'échange demeure vivant et riche.

Chacun fait cours dans sa langue

Le dispositif initial s'est enrichi et accueille des conférences et des ateliers nouveaux au gré des arrivées et des départs de « spécialistes ». L'exposition centrale du foyer des élèves demeure le cœur de l'opération. Elle consiste en stands et panneaux présentant les langues de manière ludique, permettant de les situer dans le monde et proposant la traduction de la phrase titre – « Tire ta langue » – dans l'idiome affiché, sachant que le jeu de mots sur le terme « langue » est impossible à reproduire la plupart du temps. Les panneaux sont conçus sur un modèle unique, ce qui contribue à unifier la présentation.

De cet espace, qui accueille les élèves-visiteurs, partent les groupes vers les salles où ils se retrouvent, à une dizaine, face à un locuteur qui présente sa langue et fait son « cours ». Bien que les groupes ne choisissent pas toujours celui auquel ils vont assister, l'intérêt s'éveille vite.

Après quelques tentatives « globales », une planification s'est mise en place pour gérer les flux : les plus jeunes, élèves en seconde, forment le gros des visiteurs, qui passent par les stands et les cours. Mais sur les espaces intermédiaires et pendant les temps de latence, lors des récréations et à l'heure du déjeuner, il arrive que les élèves et étudiants forment des groupes spontanés pour découvrir les langues que parlent ceux qu'ils connaissent. Pour pallier toute frustration, des répétitions d'atelier ou de petites conférences sur la langue sont mises en place dans les classes la semaine précédente ; elles tiennent lieu à la fois de répétition pour les participants et d'extension de la journée, par avance, pour ceux qui ne pourront pas s'y rendre.

Ateliers « langues de l'opéra » ou « Bollywood » et self composite

Les ateliers proposent des activités en fonction du choix des intervenants extérieurs (calligraphie arabe, apprendre à dessiner en hongrois) ou des ressources propres des « personnels » : atelier « langues de l'opéra » (collègue de l'intendance), « Bollywood » (collègue docteur en littérature hindi), conférences sur l'interculturalité ou bien l'utilité de l'araméen et dans son rapport à l'hébreu. Des jeux autour des langues existent également comme la « tempête linguistique » qui fonctionne sur le mode d'un jeu de chaises musicales. Et le self propose ce jour-là un menu composite de plats du monde.

Le croisement de ces différents modes de relation à la langue et les espaces variés qui sont investis à cette occasion renforcent le foisonnement autour de ces pratiques. Enfin, la création d'une bibliothèque sonore permet de collecter les textes lus par les élèves dans la perspective de promouvoir leur culture. Certains choix peuvent paraître étranges, comme un texte turc sur les kangourous, mais, là encore, il s'agit de dépasser le *pré-juger*. En se présentant dans les deux langues, langue vernaculaire et français, les élèves créent et résolvent des questions de traduction qui ouvrent la voie à des apprentissages.

Fierté, confiance et place dans l'établissement

La question de la fierté, comme celle du respect, est souvent galvaudée et instrumentalisée. Avec Tire ta langue, il s'agit d'évoquer la fierté liée à la reconnaissance au sein du lycée. Les locuteurs deviennent visibles, prennent de l'autonomie, changent le regard des autres ; en un mot, ils prennent confiance, trouvent leur place au sein de l'établissement.

Dans le même temps, la richesse du lycée liée aux origines de ses élèves se trouve mise en valeur. À l'intérieur de l'établissement même, la microsociété que constitue le groupe des élèves allophones ne se lit plus au seul prisme d'une hétérogénéité qui recouvrirait celle des niveaux et des choix de filières. Elle devient un groupe aux identités multiples qui se présentent comme autant de manières de vivre, autant de cultures, un tissu combinant de multiples fils. La simplicité des effets est étonnante : partant de « Monsieur, ma langue, c'est pas vraiment une langue », on arrive au point que l'approfondissement et les idées viennent du locuteur lui-même.

Des élèves progressent également dans la découverte de l'autre et apaisent certaines tensions. La moitié de l'effectif de l'établissement est en effet constituée d'étudiants en BTS qui proviennent de l'académie entière, voire des régions voisines (Bretagne, Normandie), et se trouvent dans un bâtiment séparé, avec très peu d'échanges. Cette journée dédiée constitue donc souvent la première occasion de rencontres et d'échanges entre ces différents groupes. Le partage qui s'effectue va bien au-delà de la culture, il ouvre des perspectives pour les études après le bac. Les élèves du collège voisin, situé en ZEP, peuvent être invités alors qu'ils ne sont pas sectorisés sur ce lycée.

Échanges et résistances entre langues

Le premier échange marquant est celui qui s'installe entre les participants au fil de la journée, dans les moments de pause comme le temps du repas, et qui permet de tester la langue ou la culture de l'autre. La différence valorisante de la langue recrée du lien là où les élèves identifient des ressemblances, mais aussi des écarts entre, par exemple, peuls, congolais, sénégalais. Les participants se sentent réunis par une pratique commune même s'il subsiste parfois une part de résistance. Des stands voisins de lingala et de lari (Congo Kinshasa, République démocratique du Congo) ont vu le jour lors des dernières éditions, ainsi qu'une coopération entre locutrices turques et kurdes. En revanche, dans ce dernier cas, la coopération entre garçons de ces deux mêmes pays se heurte à l'obstacle nationaliste.

Un élève qui présente sa langue originale en vient assez vite, sous la pression des questions qui manifestent une réelle curiosité, à donner des informations sur son environnement, la façon dont sa famille vit, possède des attaches qui n'en font pas seulement une population déplacée, faible et pauvre dans le regard de l'autre et réduite à un noyau. Ainsi, une élève qui, partant du bambara et d'un mot pour désigner l'habitation, raconte comment son grand-père a construit une maison sur un terrain destiné à la famille tout entière et, pressée d'en donner les dimensions, désigne le campus extérieur. Cette fois, on est vraiment dans le démontage des préjugés au sens propre, à savoir l'idée, pas forcément péjorative d'ailleurs, mais imparfaite toujours, que l'on se fait de la culture de l'autre.

Cette expérience de prise de parole en langue maternelle débouche sur des conséquences inattendues : certains se découvrent des aptitudes à l'oral qui dépassent le simple tournoi d'éloquence. Au cours de trois ou quatre ateliers, les jeunes élaborent une véritable stratégie pédagogique afin de mettre en relief les particularités de leur langue.

C'est l'occasion de découvrir qu'un élève qui a passé une bonne partie de sa vie à suivre des cours a développé une capacité à transmettre un savoir, en structurant un rapide exposé, en se servant d'un tableau, en recourant à certaines des ficelles du métier – un métier qui repose aussi, et c'est une redécouverte que d'y assister, sur l'intérêt de comprendre l'autre. Le public est certes bienveillant mais, à l'image de celui d'une classe, hétérogène avec ceux qui connaissent déjà la question et ceux qui la découvrent. Les participantes sont les plus enthousiastes : le projet est d'ailleurs majoritairement soutenu par les filles qui semblent traverser plus facilement les oppositions nationales.

Francophonie « à l'envers » et langues régionales.

Nous n'avons pas pu jusqu'ici généraliser l'expérience au point d'atteindre un des objectifs de départ qui était de mettre en place une manière de francophonie à l'envers. Soit une expérience qui, partant du retour à une langue vernaculaire qui ne subsiste bien souvent que par les parents, chemine ensuite vers la langue française.

Pour la première fois, la langue bretonne a été représentée lors de l'édition 2022 qui s'est tenue à la fin du mois de mars. De quoi poser la question des forces qui concourent à la survie des langues. Il faut la conscience et la force d'un groupe, bien sûr, mais aussi une décision politique. À l'image de celles sollicitées par les langues régionales auxquelles, à bien des égards, ces langues renvoient.

Enfin, pour terminer sur une note optimiste, Cristina Calderón a déclaré avant de mourir qu'elle serait la dernière à parler *couramment* le yagan. Sa fille participe au Chili à l'élaboration de la nouvelle constitution qui intègre la sauvegarde des langues indigènes, et sa petite-fille tente de la faire revivre.

Le lycée compte une bibliothèque sonore qui accueille essentiellement des berceuses et des comptines, des textes de l'enfance qui renvoient à la simplicité première de la langue, ainsi qu'à une jeunesse retrouvée. Face à la diversité du recrutement et à la difficulté de trouver sa place au sein de la communauté éducative, se réapproprier sa langue apparaît bien comme un facteur d'intégration. La pratique de la langue agrège très vite la culture, la musique et l'art culinaire et met en œuvre une véritable interculturalité qui dépasse la pétition de principe : l'identité, c'est ce qui se construit avec l'autre.

Postface

« Tu peux être ce que tu décideras de devenir… »

Entretien avec Philippe Meirieu [1]

***Territoires vivants (T. V.)** : Quel sentiment retirez-vous de la lecture de ces moments d'école ?*

Philippe Meirieu (Ph. M.) : À leur lecture, j'ai beaucoup pensé à ce que disait Olivier Reboul, un de nos meilleurs philosophes de l'éducation. Dans un de ses ouvrages, il pose la question : « Qu'est-ce qui vaut la peine d'être enseigné ? », et répond : « Ce qui libère et ce qui unit ». J'ai trouvé que ces deux expressions, « ce qui *libère* » et « ce qui *unit* », étaient admirablement illustrées par les témoignages et les textes du présent ouvrage.

« Ce qui libère », d'abord. Ce volume, qui succède à *Territoires vivants de la République* [2], est un véritable livre d'émancipation, au sens propre du mot. L'émancipation, c'est la capacité de chaque être à se dépasser et à ne pas se trouver enfermé dans une origine, une essence, une identité qui lui ont été attribuées à un moment

1. Philippe Meirieu est chercheur et enseignant, spécialiste des sciences de l'éducation et de la pédagogie. Il est président de l'association nationale des Ceméa (centres d'entraînement aux méthodes d'éducation active) depuis juin 2020. Il est l'auteur de nombreux ouvrages, parmi lesquels *Le Choix d'éduquer. Éthique et pédagogie* (Paris, ESF Éditeur, 1991), *Lettre à un jeune professeur* (Paris, ESF Éditeur – France Inter, 2005) et *Dictionnaire inattendu de pédagogie*, (Paris, ESF Éditeur, 2021).

2. Benoit Falaize (dir.), *op. cit.*

donné par la société ou par l'école. C'est l'affirmation que tout être déborde toutes les définitions que l'on peut en donner. Aucun humain, en effet, n'est réductible aux identités sociales ou psychologiques qu'on peut lui affecter, ni même aux diagnostics médicaux qu'on peut porter sur lui. Dans ce débord-là, il est disponible à un enseignement et, au-delà d'un enseignement, à une éducation qui lui permet d'oser sa différence, de s'exhausser au-dessus de lui-même et de choisir sa vie. En fait, c'est l'illustration de la belle formule du pédagogue Johann Heinrich Pestalozzi qui voulait que l'éducation permette à chacun et à chacune de « se faire œuvre de lui-même ».

Et votre livre montre très bien que « se faire œuvre de soi-même » n'est pas chose facile. Parce que ces enfants et ces adolescents, présents à chaque page, sont, à bien des égards, « faits par d'autres ». Ils sont faits par leur famille, leur milieu social, leur histoire personnelle et scolaire, les rencontres qu'ils ont eues et les accidents qui les ont abîmés. Ils sont faits par d'autres, mais la question que leur posent les éducateurs, à chaque instant, est la question émancipatrice par excellence : « Qu'est-ce que tu peux faire, toi, avec ce qui t'a fait ? », « Tu as été fait par d'autres. Tu es le fruit de circonstances qui t'échappent. Les injustices sociales existent, la pauvreté existe, elle est scandaleuse, mais elle est là. Tout cela t'a fabriqué... mais, moi, je te dis que tu n'es pas condamné à n'être que ce qui t'a fait. Ça ne sera pas facile, mais tu peux être ce que tu décideras. »

Le remarquable témoignage de Cheik sur sa scolarité montre bien qu'il a été construit par toute une série d'événements mais qu'à un moment donné, il a décidé de se faire lui-même, sans nier, pour autant, ce qui l'a fait. On n'est donc pas dans l'illusion de la table rase. On ne peut pas faire comme si ces jeunes n'avaient pas été malmenés par la vie, n'avaient pas été pénalisés par des situations difficiles, comme s'ils n'étaient pas marqués par la pauvreté. Et, en même temps, on ne peut pas les y enfermer. Donc on prend en compte la réalité de cette histoire et on leur dit, avec exigence et bienveillance à la fois : « Que vas-tu faire de tout cela ? », « Que vas-tu faire pour ne pas être réduit à la résultante des forces qui se sont exercées sur toi ? » Pour moi, nous sommes là au cœur de la question de l'émancipation, au sens le plus exigeant du mot : il ne s'agit pas, en effet, de permettre à quelques dominés de devenir, à leur tour, des dominants, il s'agit de s'attaquer à la racine des rapports de domination, de montrer en quoi ils enferment les personnes, les aliènent et les assignent à résidence… et comment on peut les aider à s'en libérer. Pas seulement chacun et chacune de leur côté, mais ensemble.

Nous en arrivons ainsi à la deuxième partie de la formule d'Olivier Reboul : ce qui « vaut la peine » d'être enseigné, c'est « ce qui unit ». Votre livre montre parfaitement, à rebours des lieux communs largement diffusés par la plupart des médias, que bien des choses qui semblent diviser les humains peuvent, en réalité, les rassembler. Le thème de la mémoire traverse plusieurs articles de ce recueil. On y voit comment les jeunes, héritiers de mémoires différentes, peuvent, au-delà des oppositions parfois suscitées par la société, parfois même exacerbées par le contexte social, retrouver ensemble ce qui fait qu'ils sont tous parties prenantes de « l'humaine condition » dont parlait Montaigne. Tel est le vrai projet de l'école de la République : rassembler, unir les sujets au-delà de ce qui les sépare, au-delà des croyances, des appartenances et des histoires qui les divisent. Vous montrez en effet, très concrètement, à ces jeunes des quartiers populaires que, si les réponses les séparent souvent, les questions les réunissent dès lors qu'ils acceptent de partager leurs préoccupations authentiques, de sortir de leurs revendications identitaires pour avouer ce qui les inquiète profondément. C'est ainsi qu'ils peuvent se découvrir semblables, se découvrir frères et sœurs dans une commune humanité… Je trouve que cette démarche est très forte dans le livre et elle renvoie, à mes yeux, à un enjeu scolaire et sociétal majeur : est-ce que nous voulons une société qui exacerbe les repliements communautaristes et claniques, ou une société qui reconnaît les différences d'origines, de sensibilités, de cultures mais qui est aussi capable de construire des perspectives communes en reconnaissant la profonde solidarité qui nous unit ? Cela ne signifie pas, évidemment, que tout se vaut... bien au contraire ! Cela nous permet précisément d'identifier ce qui « fait valeur » : et ce qui « fait valeur », c'est ce qui libère et ce qui unit, ce qui unit et ce qui libère, comme le dit Olivier Reboul qui, j'en suis convaincu, aurait été très heureux de lire votre livre.

T. V. : *Notre travail vise à faire mentir l'idée de déterminisme social et à contrecarrer les effets de la relégation sociale. C'est pour nous une question essentielle. Pensez-vous que cet objectif est atteint à la lecture de ce livre ?*

Ph. M. : Ce qui me paraît important, c'est la manière dont les initiatives pédagogiques décrites dans votre ouvrage dépassent largement l'illusion de « l'égalité des chances ». Il y a, en effet, une fiction idéologique bien-pensante qui postule qu'il suffit de mettre tout le monde sur la même ligne de départ pour que toutes et tous parviennent au même point d'arrivée. Cette manière de penser oublie totalement que les êtres ont vécu des histoires complexes qu'on ne peut abolir en les considérant abstraitement comme n'étant que des « sujets de droit ». Oui, bien sûr, tous les élèves sont des sujets de droit qui méritent tous d'être traités à égalité selon les principes de la Convention internationale des droits de l'enfant... mais ils sont aussi des « sujets de fait », différents les uns des autres et qui sont loin d'être égaux en matière d'accès aux savoirs. Impossible de leur enseigner sur le mode sacramentel, comme s'ils étaient tous spontanément disponibles à la raison qui s'expose. Nous devons « prendre les élèves comme ils sont », avec leurs richesses et leurs limites... Pas pour les laisser là où ils sont mais pour les accompagner et les faire progresser. Vous prenez les personnes dans leur épaisseur humaine, historique, sociale, matérielle et économique, mais sans jamais, pour autant, basculer dans la fatalité. Vous leur permettez ainsi de se dépasser et de devenir des êtres libres qui pourront s'impliquer dans une société solidaire.

Car, en réalité, il existe deux formes de mépris symétriques à l'égard de ces jeunes de nos quartiers défavorisés. La première réside dans une attitude qu'on pourrait appeler compassionnelle, qui consiste à les regarder comme des victimes et à les enfermer dans leur statut de victime, avec, parfois, les meilleures intentions du monde. La seconde est une attitude purement moralisante, qui consiste à oublier leur histoire, les accidents de la vie qu'ils ont subis, et à les placer devant une injonction purement égalitaire comme si leur « réussite » ne demandait pas plus d'efforts que celle de leurs camarades privilégiés. La première est chosifiante et, d'une certaine manière, elle détruit le sujet dans la personne en l'enfermant dans le déterminisme. La seconde est totalement idéalisante car elle nie le sujet dans sa réalité concrète. Or, il faut, tout à la fois, prendre en compte le sujet dans sa réalité et ne pas l'y enfermer. Pour moi, c'est la seule manière de lutter contre le déterminisme. On ne peut pas lutter contre le déterminisme en décrétant simplement qu'il n'existe pas. C'est une illusion, une fiction largement entretenue par un discours dominant qui consiste à dire que les élèves sont égaux devant la réussite scolaire puisqu'on leur distribue le même savoir. Mais on ne peut pas lutter, non plus, contre le déterminisme en se contentant de le constater et de le déplorer : il faut le prendre en compte et aider les sujets à le dépasser. C'est ce que vous faites admirablement.

T. V. : *Ce qui nous a portés tous, au départ de l'aventure de* Territoires vivants de la République, *puis avec* Parce que chaque élève compte, *c'était la question du regard que l'on porte sur les jeunes. Vous l'avez évoquée en abordant la question de l'éducabilité de tous. Une éducation qui va libérer et qui va unir mais qui est aussi, en préalable, l'école qui va accueillir. Or, on a l'impression d'échouer à changer le regard de la société sur les élèves des quartiers populaires. Pourquoi avons-nous tant de mal à les voir comme des jeunes en réussite et qui peuvent s'extraire de leur condition ? Pourriez-vous nous éclairer sur cette difficulté, question plutôt politique, d'ailleurs ?*

Ph. M. : Je ne suis pas sûr d'avoir une réponse à cette question. Pourtant, alors que j'avais un poste de professeur d'université, je suis allé enseigner dans un lycée professionnel difficile, avec des élèves particulièrement défavorisés. J'ai publié quelques articles sur ce que j'ai fait avec ces jeunes et je me suis heurté à peu près à la même fin de non-recevoir. Au fond, tout se passe comme si notre société avait essentialisé ces jeunes une bonne fois pour toutes, les avait enfermés dans une identité dont ils sont devenus prisonniers à perpétuité. Je me souviens avoir écrit une « lettre à mes élèves que certains disent illettrés[3] », dans laquelle j'essayais de montrer en quoi les étiquettes qui leur étaient accolées étaient fausses, caricaturales et représentaient un réel handicap pour eux. J'ai l'impression de n'avoir jamais été réellement entendu. La société se sent coupable, peut-être, de ne pas être capable de faire réussir ces jeunes et, pour s'exonérer d'une véritable remise en question, préfère en faire une « catégorie sociale perdue pour la République ». Il en est de ces jeunes comme des « territoires » : on les dit perdus pour faire oublier qu'on les a abandonnés.

T. V. : *En quoi l'école est-elle responsable de cette difficulté à changer le regard sur les élèves ?*

Ph. M. : Vous insistez très justement dans le livre sur la manière dont l'école invisibilise toute une série de compétences de ces jeunes et même, plus globalement, la formidable ressource qu'ils représentent pour la nation. En réalité, elle ne les voit et ne les interpelle qu'à travers des programmes et des institutions scolaires qui laissent échapper toute une partie de la richesse dont ils sont porteurs, en termes de compétences et de savoirs, mais aussi en termes d'initiatives, de créativité, et de socialité.

La forme scolaire et l'organisation de nos évaluations sont, en effet, incapables aujourd'hui de se saisir de tout cela, de le prendre en compte et de l'accompagner. C'est comme si nous avions des lunettes avec une grille dessinée sur nos verres qui nous empêchait de voir toute une partie de la réalité.

3. Voir http://meirieu.com/ARTICLES/lettreameseleves.pdf

Car l'école fonctionne massivement sur le paradigme déficitariste : elle organise l'ensemble de la gestion des flux d'élèves sur l'identification permanente de leurs déficits de toutes sortes. Et cela commence très tôt. Dès l'école primaire, on dit de tel élève qu'« il est dyslexique », par exemple. C'est peut-être vrai, et il est possible qu'il ait effectivement besoin d'une rééducation par un orthophoniste. Mais, moi, ce qui m'intéresse en tant que pédagogue, c'est de savoir qu'il est aussi passionné par les dinosaures et les mangas, amateur de hand-ball et fabriquant de maquettes, porteur d'une mémoire familiale riche et capable de s'investir dans un groupe de pairs. Parce que, grâce à tout cela, je vais pouvoir lui faire des propositions pédagogiques et « tirer des fils » qui vont peut-être lui permettre de prendre le dessus sur sa dyslexie... C'est là où le pédagogue se distingue du thérapeute : le pédagogue ne cherche pas à éradiquer les symptômes, ni même les causes des difficultés de la personne. Il les reconnaît mais cherche à faire des propositions qui vont lui permettre de se projeter vers autre chose et de se dépasser. Car on peut toujours s'appuyer sur des ressources, des intérêts, des capacités existantes pour engager une démarche pédagogique exigeante... Non point, évidemment, pour enfermer l'élève dans son passé, mais pour lui permettre de partir de ce qu'il sait et peut faire, pour accéder à des savoirs nouveaux, découvrir, par « tuilages » successifs, d'autres perspectives, aborder de nouveaux mondes.

Le paradigme déficitariste, en réduisant les personnes à leurs problèmes, empêche de découvrir ce que les jeunes sauraient faire si on les mettait dans des situations stimulantes intellectuellement. Et ce paradigme est d'autant plus fort aujourd'hui que la médecine envahit le champ scolaire et en vient à contaminer même le vocabulaire que nous utilisons pour parler de nos élèves... au point, parfois, de nous faire considérer l'échec scolaire comme une maladie.

Or, si la médecine a eu, par le passé, de belles leçons à nous donner – je pense aux enfants de Barbiana qui disaient que « l'école se comporte comme un hôpital qui soigne les bien-portants et exclut les malades[4] » –, l'usage des métaphores médicales constitue pour moi aujourd'hui un obstacle épistémologique pour la réflexion pédagogique. En effet, en éducation, on ne résout pas un problème en éradiquant ses causes (à la manière du chirurgien qui pratique l'ablation d'une tumeur) : les causes d'un problème sont inscrites dans l'histoire du sujet et, qu'elles soient sociales ou personnelles, on ne peut pas faire que ce qui a eu lieu n'ait pas eu lieu. Le professeur n'a pas pouvoir, hélas, sur la pauvreté dans la famille ni sur les traumatismes psychologiques que l'enfant a vécus, ni même sur les phénomènes d'exclusion sociale, implicites ou explicites, dont il a été victime et qui ont laissé des traces. En revanche, il garde un pouvoir essentiel : celui de lui faire des propositions qui lui permettront d'aller de l'avant, de se dépasser, de s'émanciper.

À cet égard, votre livre montre particulièrement bien en quoi consiste la pédagogie : elle propose des activités, des projets, des rencontres, qui permettent, non pas de nier mais de se dégager de tout ce qui nous englue dans notre passé. En pédagogie, la solution n'est pas contenue dans le problème, comme la noix dans sa coquille, elle est le fruit de l'inventivité des enseignants... et cet ouvrage est un éloge de l'inventivité formidable des collègues. C'est essentiel à un moment où, précisément, on a trop tendance à considérer les enseignants, non pas comme des inventeurs mais comme des exécutants.

T. V. : *Vous avez évoqué la question des histoires et des mémoires différentes chez nos élèves. Est-ce que, finalement, l'école n'arriverait pas mieux à dépasser ces questions, dans le quotidien de la classe, que la société elle-même ?*

Ph. M. : Oui, au sein de l'école, les enseignants qui témoignent dans votre ouvrage font mieux que les médias et la société en général... parce qu'ils font œuvre de pédagogie authentique. Je

4. Les enfants de Barbiana, *Lettre à une maîtresse d'école*, Paris, Mercure de France, 1968.

suis très sensible, à cet égard, au travail qu'ils font sur la formation à l'empathie dont la philosophe américaine Martha Nussbaum dit qu'elle est « l'émotion démocratique » par excellence[5]. Elle explique que la formation à l'empathie, c'est-à-dire à la capacité à comprendre l'autre et à se mettre à sa place, permet d'accéder à la réciprocité entre des sujets qui parviennent à vivre l'autre comme « un autre soi-même » et à se considérer « soi-même comme un autre », pour reprendre la belle expression de Paul Ricœur[6]. L'empathie, pour Martha Nussbaum, est une véritable nécessité pour que les personnes puissent se vivre comme profondément semblables et solidaires, pour qu'elles puissent s'engager dans une démocratie sereine et construire ensemble le bien commun. Et, pour elle, ce n'est nullement un « don » que certains posséderaient tandis que d'autres en seraient privés, c'est une vertu qui se découvre et se forme à travers l'éducation artistique, le travail sur les littératures et les histoires, l'engagement commun dans des activités exigeantes. Au fond, l'empathie permet d'accéder à ce principe fondateur de la morale kantienne : « Traite toujours l'humanité, en toi comme en l'autre, jamais comme un moyen et toujours comme une fin. »

C'est ainsi que les rencontres racontées dans ce livre, en évoquant l'esclavage et la colonisation, les guerres et les souffrances infligées à des peuples, mais aussi toutes les formes de domination ou d'aliénation, les chosifications mortifères et les exclusions barbares, permettent aux élèves de se découvrir solidaires de toutes les oppressions, de se vivre comme « frères et sœurs en humanité ». Grâce à ce travail, ils se découvrent profondément semblables malgré leurs différences parce que les blessures des uns et des autres les renvoient ensemble à leur commune condition d'êtres fragiles et vulnérables. Ici, pas de hiérarchie

5. Martha Nussbaum, *Les Émotions démocratiques*, Paris, Flammarion, Climats, 2011.

6. Paul Ricœur, *Soi-même comme un autre*, Paris, Le Seuil, 1990.

des humiliations, des blessures, des souffrances. Pas de concurrence des mémoires. Dès lors que l'humain est abîmé, la solidarité s'impose. Vous réussissez ainsi à apaiser cette surenchère permanente de celles et ceux qui se revendiquent comme les plus opprimés, s'affichent comme ceux qui ont le plus souffert et cherchent parfois à s'imposer par là comme les nouveaux dominateurs. L'apaisement mémoriel est essentiel parce que la concurrence des souffrances est toujours une manière de reconstruire des rapports de domination. Donc, si on arrive à lutter contre cette concurrence des souffrances et à accepter l'idée que tout ce qui atteint l'humanité dans l'homme est grave, à ce moment-là on s'attaque aux rapports de domination dans ce qu'ils ont de plus intime et de plus universel à la fois.

T. V. : *Vous avez parlé d'émotions démocratiques, et cela résonne pour nous qui parlons d'émotions pédagogiques. Malgré les difficultés sociales, malgré la crise des vocations dans l'enseignement, quel message transmettre aux jeunes enseignants pour qu'ils puissent se sentir suffisamment confiants et capables de s'emparer d'une vision optimiste comme celle que vous venez de nous faire partager ?*

Ph. M. : Il faut leur dire que leur métier n'est pas simplement un métier de « service ». Enseigner, c'est assumer une mission tout à la fois anthropologique – transmettre pour assurer le lien entre les générations –, philosophique – permettre à chacune et à chacun de « penser par lui-même » –, sociale – lutter contre toutes les inégalités et les injustices dans l'accès aux savoirs – et politique – instituer un espace où la recherche de la précision, de la justesse et de la vérité l'emporte sur les rapports de force. Un des enjeux auxquels nous avons à faire face aujourd'hui est le glissement progressif de notre système éducatif d'une « logique d'institution » à une « logique de service ». La logique d'institution promeut des valeurs communes et associe chacun des acteurs à une mission dont il est pleinement partie prenante. La logique de service, elle, fait des acteurs éducatifs les obligés des clients de l'institution scolaire et privilégie leur satisfaction immédiate à la promotion de valeurs qu'ils pourraient poursuivre ensemble. C'est ravageur pour les enseignants qui se trouvent ainsi privés de ce qui les « institue » – les fait « tenir debout » – et sont contraints d'exécuter des tâches dans une perspective purement utilitariste.

Dans votre livre, on voit combien les enseignants qui sont impliqués dans toutes les initiatives pédagogiques que vous décrivez sont porteurs de quelque chose de difficile à définir, que Vladimir Jankélévitch appellerait peut-être le « Je-ne-sais-quoi » ou le « Presque-rien »... et qui fait toute la différence. Ce « Presque-rien » qui change tout, c'est le fait de ne pas se contenter de suivre le « référentiel métier » mais de ressaisir l'ensemble des compétences dont on dispose dans un « projet politique », au sens le plus noble du terme. C'est pourquoi je crois qu'il y aurait aujourd'hui un risque, pour les enseignants, à se replier sur la part strictement didacticienne de leur profession. Je n'ai aucun mépris pour la didactique – bien au contraire, elle est indispensable – mais il me semble dommage d'oublier que toute didactique est au service d'un projet qui renvoie à ce que Castoriadis nommait « le foyer mythologique » d'un métier, ce qui donne sens à notre engagement dans la cité.

T. V. : *Pour conclure, Philippe Meirieu, le regard que notre collectif,* Territoires vivants, *porte sur l'école dans les quartiers populaires n'a pas été beaucoup relayé, y compris par celles et ceux qui étaient pourtant acquis à la cause et dont on aurait pu attendre un soutien plus fort et une publicité plus importante. Certes, le premier livre a fait parler de lui. Mais n'est-on pas là devant le syndrome des trains qui arrivent à l'heure et qui n'intéressent pas grand monde ? Comme si on ne voulait entendre parler que de l'école qui va mal ?*

Ph. M. : C'est un vrai souci pour moi comme pour vous de voir à quel point ce qui fait la une des médias, mais aussi déclenche les réactions de la plupart des intellectuels, n'est pas l'engagement et la réussite de celles et ceux qui font vivre nos valeurs républicaines, mais au contraire ce qui met à mal les valeurs de la République.

Je voudrais croire qu'ils font cela par souci d'identifier les problèmes et de progresser ensemble pour les résoudre... mais je suis convaincu qu'il n'en est rien. Je crains qu'il y ait là un vieil atavisme particulièrement pénible : le plaisir malsain d'annoncer les mauvaises nouvelles et la jouissance perverse de désigner des boucs émissaires. Et je regrette que l'Éducation nationale tombe parfois dans ce travers.

***T. V. :** En réalité, ce n'est pas de l'institution dont nous attendions le soutien. Ce qui nous a le plus surpris, c'est qu'il n'y ait pas eu beaucoup de relais par ceux qui étaient à la fois suffisamment acquis à la cause et en même temps assez libres par rapport à l'institution pour pouvoir le faire. De la même manière, et à l'inverse, on aurait aussi beaucoup aimé, par exemple, qu'il y ait un article dans* Le Figaro *parce qu'on aurait voulu toucher des gens qui ne s'attendent pas du tout à lire cela. La question porte plus sur cette interrogation-ci : pourquoi se prive-t-on de ce « Je-ne-sais-quoi » ou ce « Presque-rien » dont vous avez parlé, qui insuffle un supplément d'âme et qui fait du bien à tout le monde ?*

Ph. M. : Il y a quarante ans que le discours anti-pédagogique domine dans les médias *mainstream*. Depuis 1984, et le livre de Jean-Claude Milner, *De l'école* [7], ce discours a été, à chaque rentrée, diffusé massivement et relayé largement par des intellectuels de droite comme de gauche. On pourrait même faire remonter la querelle à la fondation de l'école républicaine et aux polémiques qui opposèrent, à l'époque, Ferdinand Brunetière, l'intellectuel « anti-pédagogue » par excellence qui exigeait qu'on fasse disparaître la pédagogie de la formation des maîtres, et Henri Marion, le pédagogue chargé par Jules Ferry du premier cours de science de l'éducation à la Sorbonne, grand promoteur de la « méthode active ». Peut-être même, plus loin encore, pourrait-on remonter à l'opposition entre Voltaire et Rousseau : le penseur brillant adulé par les élites et le pédagogue marginal dont l'œuvre est moquée par

7. Jean-Claude Milner, *De l'école*, Paris, Le Seuil, 1984.

les « bons esprits » ? Car la France n'aime pas les pédagogues, elle les trouve ridicules et besogneux. Elle les accuse toujours, et simultanément, de jargonner et d'être démagogues. Elle leur préfère les magiciens du « y a qu'à », ces clercs qui campent dans une vision brillamment sacramentelle de la transmission et de l'éducation, ceux qui pensent qu'il suffit d'enseigner pour que les élèves apprennent... et qui donnent des leçons à ceux qui se coltinent les élèves au quotidien.

Et puis, nous sommes aujourd'hui en pleine confusion idéologique : *Le Figaro* ne cesse de publier des tribunes contre le pédagogisme mais, simultanément, il est capable de faire l'éloge d'écoles alternatives où l'on pratique la non-directivité, avec un cocktail de pédagogie Montessori, de neurosciences et de développement personnel... C'est que là, au moins, on est dans l'entre-soi !

Ne soyons pas naïfs : le vrai clivage est bien là, sur la question de l'exclusion, sur le principe d'éducabilité de toutes et tous. Ce principe est insupportable pour les partisans du « désordre établi ». Les dominants acceptent volontiers que quelques dominés se fassent une place au soleil, mais ils ne supportent pas l'idée qu'on s'attaque au rapport de domination lui-même. Or, c'est ce que vous faites, concrètement, obstinément. C'est ce qui fait votre grandeur et donne toute sa valeur à votre travail. Qu'on cherche à le reléguer dans les marges n'est pas étonnant et, à bien des égards, c'est le signe de votre réussite. Il en fut ainsi, de tout temps, de tous les pédagogues qui ont fait avancer l'éducation, de Pestalozzi à Korczak, de Makarenko à Freinet... Mais le travail qu'ils ont fait nous éclaire toujours, et peut-être pourrait-on reprendre ici la formule que Jean-Luc Godard utilisait pour le cinéma, « C'est la marge qui tient la page » ? Une marge dont – et c'est tout à votre honneur – vous ne renoncez pas à ce qu'elle devienne un jour la page...

Entretien réalisé le 13 avril 2022 par Elsa Bouteville, Mohand-Kamel Chabane et Marguerite Graff.

Les auteurs

Stéphane Beaud est professeur de sociologie et de science politique à Sciences Po Lille, chercheur au Céraps (Centre d'études et de recherches administratives politiques et sociales). Il est notamment l'auteur du livre *La France des Belhoumi. Portraits de famille (1977-2017)* (La Découverte, 2018).

Elsa Bouteville est enseignante en école élémentaire à Bagneux (92), engagée depuis plus de vingt ans, avec les élèves, dans la lutte contre les préjugés, la discrimination et l'injustice.

Mohand-Kamel Chabane est enseignant d'histoire-géographie au collège Gustave-Flaubert à Paris. Il mène depuis longtemps des actions pédagogiques innovantes concernant les questions d'histoire socialement vives. Il est membre du jury de la Flamme de l'égalité et du Concours national de la Résistance et de la Déportation (CNRD).

Lauren·t Clavier enseigne l'histoire et la géographie dans un lycée de Seine-Saint-Denis.

Pierre Costes est professeur d'histoire-géographie en réseaux d'éducation prioritaire renforcée (REP+), au collège Alain-Fournier, au Mans. Il donne également des cours à la maison d'arrêt de Coulaines afin de préparer des détenus au certificat d'aptitude professionnelle (CAP).

Benoit Falaize est docteur et agrégé en histoire, chercheur correspondant au centre d'histoire de Sciences Po, historien de l'école et spécialiste des sujets sensibles de l'enseignement. Enseignant dans le secondaire, puis formateur et chercheur en éducation, il travaille depuis plusieurs années sur les enjeux de mémoire, l'enseignement de l'histoire et l'éducation civique.

Jean-Jacques Fito, professeur de génie mécanique-construction, est personnel de direction depuis 2003. Actuellement principal du collège Victor-Hugo de Besançon, il fut le principal du collège Vauban (REP) de Belfort de 2011 à 2018.

Cédric Gance est directeur et enseignant à l'école Célestin-Freinet de Creil. Il est membre du groupe départemental Oise « Innovation pédagogique ».

Marguerite Graff est professeure d'histoire au lycée Auguste-Renoir à Asnières dans les Hauts-de-Seine depuis une douzaine d'années. Diplômée d'HEC et agrégée de géographie, elle a d'abord enseigné onze ans en REP+.

Stéphane Guillet est coordinateur du projet « Trophée d'impro Culture & Diversité » pour le Grand Rochefort Impro Club.

Anne-Laure Hartmann est enseignante de lettres, histoire-géographie-EMC, au lycée professionnel Gustave-Eiffel de Reims, lycée des métiers de l'automobile, de l'hôtellerie-restauration et de l'alimentation.

Clément Huguet est professeur d'histoire-géographie au collège Michel-Richard-Delalande (REP) situé à Athis-Mons (Essonne). Les projets menés avec ses élèves ont été distingués par le prix Ilan Halimi du conseil départemental de l'Essonne (en 2019 et en 2020), le concours « Vivre et agir ensemble contre le racisme » de la Fondation Seligmann (en 2018) et le prix de la Maison d'Izieu (en 2022).

Fabrice Krot a été enseignant, coordinateur ZEP (zone d'éducation prioritaire) et conseiller pédagogique à Châtenay-Malabry. Il y a créé la Maison des Sciences de Châtenay-Malabry.

Constance Lagrange est professeure d'arts plastiques au collège Gustave-Flaubert dans le 13e à Paris. Elle est également auteure de bande dessinée et vient de publier, aux éditions du Faubourg, *L'Innocent incompris*.

Caroline Latournerie, professeure agrégée d'histoire, enseigne au lycée Auguste-Renoir d'Asnières depuis dix-sept ans.

Sylvie Laulan est professeure de français au collège Joliot-Curie de Tonnay-Charente, en Charente Maritime.

Dominique Lurcel est metteur en scène. Enseignant pendant trente ans, il a notamment été cofondateur du lycée autogéré de Paris en 1982. Il est depuis 1997 directeur artistique de la compagnie Passeurs de mémoires (Paris, puis Lyon).

Laaldja Mahamdi est professeure des écoles formatrice (PEMF) et directrice dans l'école élémentaire d'application Simon-Bolivar à Paris.

Leïla Marouf Arras est parent de deux élèves au lycée Feyder à Épinay-sur-Seine et au collège Lucie-Aubrac à Villetaneuse. Elle est responsable ressources humaines en collectivité.

Éric Mesnard a été formateur à l'Institut national supérieur du professorat et de l'éducation (Inspé) de l'académie de Créteil. Il travaille depuis de nombreuses années sur l'histoire de l'esclavage colonial et son enseignement. Il est l'auteur de plusieurs ouvrages sur la question, notamment : *Être esclave. Afrique-Amériques (XVe-XIXe siècle)* écrit avec Catherine Coquery-Vidrovitch (La Découverte, 2013, rééd. La Découverte Poche, 2019).

Isabelle Niveau est déléguée académique aux arts et à la culture, IA-IPR de lettres et directrice artistique du Théâtre de l'Entonnoir en Guyane. Elle crée et accompagne des dispositifs d'émancipation par l'art depuis plus de vingt ans et vient d'être nommée chevalier des Arts et des Lettres.

Frédéric Palierne est professeur de lettres au lycée Carcouët de Nantes.

Fabien Pontagnier est professeur d'histoire-géographie depuis dix ans dans un établissement REP+ de Seine-Saint-Denis et professeur relais aux Archives nationales.

Aurélien Sandoz est professeur d'histoire dans un établissement d'éducation prioritaire, le lycée Galilée de Gennevilliers. Il est membre d'honneur de l'association Mémoires franco-algériennes (https://memoiresfrancoalgeriennes.fr/).

Cheik Sidibé est étudiant en deuxième année de sociologie à Sorbonne Paris IV. Il est aussi assistant d'éducation au collège Pablo-Neruda de Stains en Seine-Saint-Denis.

Camille Taillefer enseigne l'histoire-géographie dans un lycée général et technologique de Seine-Saint-Denis.

Remerciements

Les auteurs veulent remercier très vivement le journal *Le Monde* et *L'École des Lettres* d'avoir bien voulu poursuivre la publication de textes venant d'enseignants travaillant dans les quartiers populaires. Et plus particulièrement Claude Riva, qui a été un inébranlable, précieux et chaleureux soutien, ainsi que Séverin Graveleau qui n'a pas ménagé ses efforts pour poursuivre, chaque mois, les publications dans les pages « éducation » du *Monde*, et enfin Emmanuel Davidenkoff qui a considéré la poursuite de cette aventure comme nécessaire. Francis Barbe qui a fait une première lecture a été précieux pour dynamiser l'équilibre général du texte. Ce volume leur doit beaucoup. Merci également à Laurent Bernardi et ses équipes des Ceméa qui ont accompagné la fin de ce volume avec ferveur.

Les éditrices Camille Deltombe des Éditions de l'Atelier et Ingrid Merckx de *L'École des Lettres* ont accompagné l'édition de ce volume avec rigueur et enthousiasme. Merci aussi à Michèle Riot-Sarcey qui a cru dans ce projet, dès qu'il lui a été présenté.

Table des matières

Mise en page : Le vent se lève...

Achevé d'imprimer par Corlet Imprimeur
14110 Condé-sur-Noireau
N° d'éditeur : 6917 – N° fab. : 7042 – N° d'imprimeur : 22040609
Dépôt légal : août 2022

Imprimé en France